I0080737

Contraste insuffisant
NF Z 43-120-14

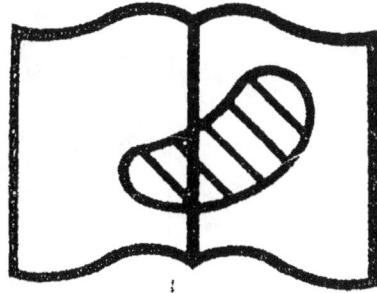

Illisibilité partielle

Valable pour tout ou partie
du document reproduit

Original en couleur
NF Z 43-120-8

Clément Simon

G. CLÉMENT-SIMON

FRANÇOIS DE GRENAILLE

Sieur de Chateaunières

Notice Biographique et Bibliographique

suivi la

NOËL PASCHAL

"

Hymne Sacro-Burlesque pour l'Heureux
avénement de Monseigneur de Tulle
en son Evéché : 1654

Par le sieur de Chateaunières

AVEC PORTRAIT

PARIS

HONORÉ CHAMPION, LIBRAIRE-ÉDITEUR

9, Quai Voltaire, 9

1895

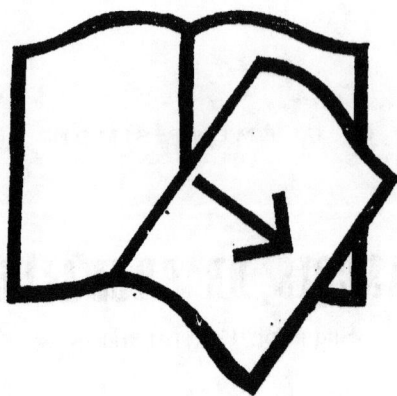

Couverture inférieure manquante

a Monsieur Leopold Delisle
Membre de l'Institut
Hommage de l'auteur

FRANÇOIS DE GRENAILLE

SIEUR DE CHATEAUNIÈRES

8° Z 9665

13

Extrait du Bulletin de la *Société Scientifique, Historique et Archéologique de la Corrèze* (siège à Brive), tome XVII.

G. CLÉMENT-SIMON

FRANÇOIS DE GRENAILLE

SIEUR DE CHATEAUNIÈRES

Notice Biographique et Bibliographique

SUIVIE DE

NOËL PASCHAL

OU

Hymne Sacro-Burlesque pour l'Heureux avènement de Monseigneur de Tulle en son Évéché : 1654

Par le sieur de CHATEAUNIÈRES

BIBLIOTHÈQUE NATION

DON

DELISLE BURNOUF

IMPRIMÉS

PARIS

HONORÉ CHAMPION , LIBRAIRE-ÉDITEUR

9, Quai Voltaire, 9

1895

SIC MORTALES IMMOR=TALES EVADIMVS.

Franciscus de Grenaille, Dominus de Chatouinieres, natus Vaerchij in Lemouicibus, Bur... clatu. ...rum non mortuus, renatus Agiani, Parisijs immortalis Ætatis anno 34 Æterni Regni 1640.

FRANÇOIS DE GRENAILLE

SIEUR DE CHATEAUNIÈRES

——

Ce nom inconnu, qui n'éveille aucun souvenir, est pourtant celui d'un des écrivains les plus féconds de la première moitié du xviiᵉ siècle, et non des moins prisés, s'il faut en juger par les éditions multipliées de ses ouvrages. Il n'obtint pas, à vrai dire, la même faveur auprès des critiques. Avec ensemble, ils se refusèrent à ratifier l'engouement du public. On a vu cela de tout temps. Tel auteur de nos jours, qui fait sa fortune et celle des libraires, n'est-il pas, avec la même unanimité, décrié par ceux qui font profession de discuter du goût, malgré le proverbe. Ces arrêts sont sujets à révision, mais celui qui a frappé François de Grenaille paraît définitif.

C'est un limousin, c'est aussi un gascon et par plus d'un côté. L'inscription dont il a orné son portrait gravé en fait foi : *Franciscus de Grenaille, Dominus de Chateaunières, natus Uzerchii in Lemovicibus, Burdigalæ tantum non mortuus, renatus Aginni, Parisiis immortalis. Ætatis anno 24. Æterni regni 1640.* Et il ajoute encore en exergue : *Sic mortales immortales evadimus.*

Il est donc né à Uzerche en Limousin, il n'est pas tout à fait mort à Bordeaux, a repris naissance à Agen, est devenu immortel à Paris. L'image, qui représente un beau et élégant jeune homme, est surmontée de ses armes et entourée aux quatre coins d'attributs qui dénoncent ses aptitudes et ses succès divers, à tout le moins ses prétentions variées : un amas de livres, des instruments de musique, un canon, des armures et des drapeaux, une palme et une branche de laurier entrelacées. Voilà comme, en style lapidaire et à l'aide de ces symboles, François de Grenaille, âgé de 24 ans, présente sa personnalité à ses lecteurs. On voit qu'il appartenait aux rives de la Garonne autant qu'aux montagnes du Limousin (1).

Cette physionomie m'arrête un instant. Ce n'est pas une réhabilitation littéraire que je veux tenter. Je tiens pour acquis le jugement de la critique. Grenaille est un auteur insipide dont les œuvres sont justement oubliées et n'offrent plus aucun agrément de lecture. Je le sais, sans doute mieux que personne. Mais c'est un type qui a quelque originalité, presque un grotesque par ses débuts fanfarons, ses ambitions déçues et son incontinence éphémère comme écrivain. Sa vie est d'ailleurs peu connue, son caractère d'homme semble avoir été mal jugé sur certains points. J'essaie de reconstituer le personnage. Passe-temps de bibliophile, simplement.

Toutes les notions biographiques données jusqu'ici sur François de Grenaille ont été empruntées à ses ouvrages. On s'attendrait à les trouver plus abondantes. Les censeurs ne se sont guère occupés que de sa littérature. L'histoire et les mémoires sont muets sur son compte (2).

Sa famille était de cette bonne bourgeoisie de province où se recrutait l'ancienne magistrature locale et qui, dès qu'elle était parvenue aux charges privilégiées, se considérait comme noble. François de Grenaille se qualifiait écuyer ; il est le premier de son nom qui ait pris ce titre, et le dernier, je crois. Cette souche a laissé quelques traces dans les documents d'archives. Maître Antoine de Grenaille, sieur du Theil, était conseiller du roi, lieute-

---

(1) Nous donnons un fac-simile réduit de ce curieux portrait, placé en tête de plusieurs des ouvrages de Grenaille.

(2) Grenaille figure dans toutes les grandes Biographies : Bayle, Moréri, Michaud, Didot, etc. Ces articles fournissent tous les mêmes renseignements sommaires. M. de Larouverade, dans ses *Études historiques et critiques sur le Bas-Limousin*, pp. 359-361 (Tulle, 1860-64), y a ajouté des développements de son cru ; mais, à mon sens, il s'est mépris tant sur le caractère de l'homme que sur l'esprit de ses ouvrages.

nant particulier au siège royal d'Uzerche en 1665 (1), et sa descendance existait encore dans cette ville aux approches de la Révolution. Je pense qu'Antoine et François étaient frères (2).

Ce dernier, né en 1616, fut d'abord destiné à la profession monastique et placé dans un couvent à Bordeaux. Ses supérieurs l'envoyèrent dans leur maison d'Agen. Il avait à peine 20 ans. La vocation ne persista pas, si elle s'était jamais montrée. Il laissa le froc à 22 ans : c'est ce qu'il appelle avoir repris naissance. — L'amour, dit-on, ne fut pas étranger à ce changement d'état. Le jeune religieux était féru d'une demoiselle de haute naissance, nièce du vicomte de Pompadour, et ce sentiment invincible le rappela dans le monde. L'amour a fait plus d'un échappé de couvent et l'anecdote n'a en soi rien d'impossible. Je voudrais y croire. Elle accentuerait la présomption outrée de cet adolescent. Mais elle ne m'inspire que peu de confiance (3).

Je crois plutôt que le moine apprenti céda à un irrésistible penchant pour la littérature profane . Là était la

---

(1) Jean Grenaille du Theil exerçait la même charge en 1733.

(2) En tête d'un des ouvrages de Grenaille, *La mort de Crispe*, un de ses frères, habitant Uzerche, a mis des vers de sa façon.

(3) C'est le chevalier de Mouhy (*Journal du Théâtre français*, ms.) qui rapporte le fait, reproduit par M. Bernardin dans sa savante thèse de docteur ès-lettres sur Tristan l'Hermite. D'après de Mouhy, Grenaille aurait fait sa tragédie de *Crispe* dans le but de plaire à une nièce du vicomte de Pompadour (auquel la tragédie est dédiée), pour l'amour de laquelle il avait quitté le froc. (*Un précurseur de Racine, Tristan l'Hermite sieur du Solier*, par M. Bernardin, prof. de rhét. au lycée Charlemagne, p. 456 ; Paris, 1895). — La tragédie de *Crispe*, parue en 1639, est dédiée à Jean, vicomte de Pompadour et capitaine aux Gardes, qui n'avait que 16 ans, étant né en janvier 1623. Quant à ses nièces, il ne pouvait en avoir alors d'âge à être courtisées. Sa sœur aînée, Charlotte, la première mariée dans la famille, avait épousé en 1637 le prince de Chalais. Les Pompadour, par les charges militaires, la richesse, l'antiquité de la race, tenaient le premier rang dans la province, et il est difficile de croire que le jeune bourgeois d'Uzerche ait porté ses vues si haut, du fond de sa cellule.

vocation, la véritable passion de sa jeunesse. Il donnait
tout son temps à la composition littéraire au préjudice
des devoirs du noviciat. Durant son séjour à Agen, il fit
d'énormes écritures prépara beaucoup de besogne aux im-
primeurs, ainsi qu'il nous l'apprend (1). Il paraît avoir quitté
Agen en 1638. Uzerche lui servit de retraite momentanée,
mais au bout de quelques mois il s'établit dans la capitale.

Dès l'année 1639, vingt-troisième de son âge, il lança
dans le public ses élucubrations du couvent. En latin, en
français, en vers, en prose, ce fut comme une avalanche.
Dans l'espace de quelques mois, il publia une tragédie en
cinq actes et divers poèmes. En 1640, la production ne
fut pas moins abondante et continua ainsi jusqu'en 1645.
A cette date, en six années, il avait mis au jour une
trentaine de volumes. Il en promettait beaucoup d'autres,
avait de vastes projets ; pourtant cette source, qui semblait
inépuisable, tarit tout à coup. Ses livres furent souvent
réimprimés, il y fit des additions et corrections, sans donner aucune œuvre nouvelle. D'autres ambitions, il est vrai,
le jetèrent un moment hors de sa voie ; il ne resta pas
longtemps engagé dans ce tournant, mais ne revint pas à
sa première route. Avant sa trentième année, il avait re-
noncé à l'accroissement de sa renommée littéraire.

En 1644 (ou fin 1643 au plus tôt), il avait été pourvu de
la charge d'historiographe de Son Altesse Royale le duc
d'Orléans, lieutenant général du royaume (2). Dans la dédicace d'un de ses ouvrages à ce prince, on lit qu'il se
proposait de publier, « par ordre, » une histoire générale

----

(1) Dans la préface du *Bon Esprit*.

(2) Un des biographes sus-nommés croit que Grenaille obtint
cette charge dès son arrivée à Paris et « avant d'avoir rien écrit
qui pût lui valoir cette éminente distinction ». Ce titre lui est donné
pour la première fois dans le privilège des *Caprices du Loredano*,
daté du 15 janvier 1644. Au caractère qu'on lui connaît, il n'est pas
douteux qu'il eût pris la qualification, s'il y avait eu droit, dans ses
précédents ouvrages. En 1644, sa production d'écrivain était presque au complet. M. de Larouverade n'a évidemment pas pris aux
sources les quelques renseignements qu'il a fournis sur Grenaille.

des faits et gestes du frère de Louis XIII, « pour combattre
les erreurs de l'imposture », histoire qui n'a jamais paru (1).
Cette fonction, confiée à un écrivain de 26 ans, montre le
crédit dont il jouissait déjà. Elle fut le malheur de Grenaille en le plaçant dans le cercle de cet incorrigible
brouillon, sans énergie et sans honneur, qui sacrifia cons-
tamment la vie ou la liberté de ses amis à ses velléités de
conspirations. L'historiographe de Gaston fut jeté dans la
politique, employé à des négociations près diverses cours
d'Europe, voyagea ainsi durant cinq ou six ans, député en
Angleterre l'année 1642 (2), trois fois à Rome, en 1648
dans les Pays-Bas, finalement fut mis à la Bastille et
traduit devant le Parlement pour crime d'État, passible
de la peine capitale. Il le raconte lui-même dans l'avertissement du second volume du *Sage résolu*, ouvrage traduit du *De remediis utriusque fortunæ* de Pétrarque (édition de 1662).

« Ce n'est pas un ouvrage de cour, mais un fruit de
prison d'Estat que je vous offre, Lecteur. La Bastille et la
Tour de Montgommery l'ont conceu et le Palais (3) le voit
naître ». ..... Il explique qu'il a consolé sa captivité par
une nouvelle étude des œuvres morales de Pétrarque.
« ... Je n'ay pas eu besoin de petits remèdes pour me ré-
soudre à toutes les extrémitez des grandes souffrances,

---

(1) On peut le regretter, car on n'a pas de monographie complète
du personnage. Les Mémoires attribués à Algay de Martignac sont
fort insuffisants et s'arrêtent à 1635. Ceux de Dubois d'Annemets
ne conduisent Gaston que jusqu'en 1626.

(2) Dans l'avertissement de la *Mode*, achevée d'imprimer le 31
mai 1642, il parle de ce voyage d'Angleterre « fait par ordre ».
C'était l'époque de la conspiration de Cinq-Mars. Le futur historio-
graph le Gaston était-il déjà à son service et négociait-il en faveur   rand-écuyer et de son complice ? Cette supposition serait
difficil   dmettre. Grenaille venait à peine de publier le *Bon
Esprit*,   n'est qu'une apologie de Richelieu. Il se posa toujours
en ferven   dmirateur du grand ministre et après la mort du cardinal, il en dressa, en 1645, un panégyrique en règle.

(3) La boutique du libraire Besongne au Palais de Justice.

pour envisager la mort sans pâlir et ne me pas abandonner moi mesme, quand tout le monde m'abandonnoit. Enfin la justice d'un Auguste Parlement m'ayant élargy, après avoir reconnu mon innocence, il m'a fallu avoir bien de la résolution pour lutter contre l'envie enragée des ennemis domestiques, après avoir terrassé les étrangers. C'est le Pétrarque qui m'a fait rire parmy les chevalets qu'on me préparoit, qui m'a fait trouver une parfaite franchise dans les plus étroits liens, qui au partir de là m'a enseigné que la cour n'est qu'une vanité brillante, et qu'un homme, à moins d'estre fol, ne peut songer à se rejetter en haute mer lorsqu'il est encore tout dégoutant du naufrage. Enfin, il m'a persuadé de faire une retraite avantageuse pour estre désormais le compagnon éternel de sa solitude et ne voir plus les grands qu'en peinture, comme ce ne sont pour la pluspart que des images creuses de Grandeur que les sots adorent et dont les habiles se mocquent » (1).

Ces ressouvenirs amers et ces doléances un peu vagues n'ont pas permis aux biographes de préciser les circonstances qui donnèrent lieu à cette accusation capitale, non plus que l'époque à laquelle ce politique malhabile connut la paille humide des cachots. Quelques recherches, où nous ont aidé d'obligeants confrères, nous mettent à même de fournir plus de détails. Sur le dernier point, nous sommes renseignés par une lettre que Grenaille adressa de la Conciergerie au chancelier Séguier, et qui a été publiée en 1869 par M. Tamizey de Larroque, correspondant de l'Institut, bien connu pour être l'homme de France qui a exhumé de la poussière des bibliothèques et des archives le plus de documents inédits et qui sait le mieux les mettre en valeur. Je reproduis cette curieuse épître, insérée dans un recueil volant qu'il est assez difficile de retrouver (2).

---

(1) Le *Sage résolu*, avertissement du tome II.
(2) *Bulletin du Bouquiniste*, 1er novembre 1869. Je ne serais pas

Monseigneur, j'ay eu l'honneur de présenter autrefois à Vostre Grandeur le *Sage résolu contre la Fortune*, comme M. Balesdens (1) luy peut remettre en mémoire et maintenant je prens la hardiesse de luy représenter l'estat du plus infortuné de tous les hommes. Le haut crédit qu'elle a près de Leurs Majestez luy a faict assez connoistre le malheur de mes affaires ; mais la bonté généreuse qu'elle a toujours témoignée aux belles lettres me donne l'asseurance, maintenant que je suis entre les mains de la justice, de recourir humblement à la protection de celuy qui en est le chef. Et en cas que mon destin ou celuy des grands qui m'ont embrassé me doibve causer ou une longue prison ou une dernière ruine, je supplie avec toute soumission, Vostre Grandeur, de me faire icy donner les mesmes secours que j'avois à la Bastille, veu le peu de bien que j'ay et que ma prise m'a faict perdre entièrement ma fortune avec tout ce qui l'accompagnoit ; comme aussi de ne pas laisser manquer à la fin les grâces dont elle est distributrice à un homme dont les fautes sont plustost commandées que volontaires, veu qu'elle en donne souvent à de personnelles. Si mon cachot me laissait plus d'esprit et de lumière, Monseigneur, je vous descouvrirois mes ressentimens avec plus d'appareil mais non pas avec plus de sincérité ny de soumission. J'espère que Vostre Grandeur ne les trouvera pas mauvais, veu que Dieu mesme, dont elle est une image si visible, est bien ayse qu'on recoure à luy dans les plus grandes extrémitez. J'attens tout de sa miséricorde et de la vostre, et dans le regret de luy avoir despleu et à vous aussy, je proteste désormais de ne songer qu'à me rendre homme de bien et à vuivre et mourir, Monseigneur, de Vostre Grandeur, le très humble, très obéissant, très fidelle et très affligé serviteur.

Chateaunières. De la Conciergerie, ce 27 avril 1648.

C'est le 13 février précédent que, par lettres patentes royales, la poursuite contre Grenaille avait été ordonnée et qu'il avait été enfermé à la Bastille. Le Parlement fut saisi de la cause et la chambre des Tournelles (chambre criminelle), par arrêt du 24 avril, ordonna le transfert de

---

allé l'y prendre sans l'indication que m'a fournie cet éminent et obligeant ami, que j'interroge toujours avec profit quel que soit le sujet de mes recherches historiques et littéraires.

(1) Jean Ballesdens, avocat au Parlement et au Conseil, membre de l'Académie française en 1648, mort en 1675. — Le *Sage résolu* est en effet dédié au chancelier Séguier.

l'accusé à la Conciergerie et la saisie de ses papiers. Grenaille fut trouvé possesseur de « lettres et créances à ceux qui commandoient les armées du Roy d'Espagne dans les Pays-Bas ». Parmi les papiers saisis figuraient « une lettre en italien à l'archiduc Léopold (1), une autre au duc de Maffly, une troisième à la dame duchesse de Chevreuse, cinq autres lettres en italien, deux passe-ports et deux autres missives, signées Chastegnier, écrites à Son Eminence ».

Malgré la supplique au chancelier, l'information marcha avec lenteur et l'inculpé resta prisonnier jusqu'au 19 février 1649. A cette date, la chambre criminelle invita le Procureur général à faire une enquête supplémentaire et ordonna la mise en liberté provisoire du détenu « à sa caution juratoire et à la charge par lui de se représenter toutes fois et quantes par la Cour seroit ordonné ». Peu après, il fut déchargé de l'accusation (2).

La guerre de Trente ans touchait à sa fin. La France était encore en guerre avec l'Espagne et les Impériaux, mais les pourparlers pour le fameux traité de Munster étaient déjà ouverts et à la veille d'aboutir. Quelle est l'obscure manœuvre dans laquelle Grenaille était engagé ? Par qui était-il ainsi accrédité auprès des chefs des armées ennemies et de la turbulente Marie de Rohan alors en exil ? Etait-il un messager de paix ou de guerre ? Il est plus que probable qu'il avait charge du duc d'Orléans, dont il était le serviteur. Il paraît certain, en tout cas, que ces négociations, où il faisait un service « commandé », n'avaient aucun caractère de trahison envers l'État. Un si mince personnage ne se fut pas tiré à si bon compte d'un crime de lèze-majesté. Son innocence, son inconscience peut-être, fut reconnue, mais il passa toute une année en

_____

(1) Léopold-Guillaume, archiduc d'Autriche, gouverneur des Pays-Bas, et dont l'action militaire à cette époque et pendant la Fronde est bien connue.

(2) Article anonyme dans le *Bulletin du Bouquiniste* du 1er décembre 1809, et notes prises par M. Alphonse Rebière aux Archives nationales, X. 2, a (Parlement criminel), reg. 283 et 284.

prison, fut menacé des horreurs de la torture et entrevit la mort sur l'échafaud.

Il était guéri pour toujours de la politique. Effrayé du danger qu'il avait couru, désabusé du commerce des grands, il quitta Paris et le monde pour ainsi dire, se voua à l'obscurité et à la solitude dans « son désert de Puygrolier », comme il qualifie le gracieux castel de ce nom si coquettement campé, encore aujourd'hui, en face d'Uzerche, sur la boucle de la Vézère. Il ne paraît pas l'avoir quitté jusqu'à sa mort. Sa présence y est constatée en 1653 par une jolie lettre qu'il écrit à Étienne Baluze, âgé de 22 ans à peine, et déjà renommé pour son érudition.

Monsieur, il me fâche bien de n'avoir l'honneur d'estre connu de vous que par une importunité, mais je seray ravy de l'estre par mes services, quand vous me ferez la grâce de me commander et que je serai assez heureux pour vous témoigner ma reconnaissance. Dans cette protestation je vous renvoye vostre *Saint-Cyprien*, dont la lettre à Donat m'a donné quelque jour pour un endroit de mon *Sage hors de la Cour*, que je vais faire imprimer ensuite de mes trois parties du *Sage résolu contre la Fortune*. Je touche là tous les désordres des cours modernes sur le modèle des anciennes. Car, comme ce temps nous laisse impunément accuser l'antiquité, celle-cy nous donne pareillement la liberté de blâmer le temps sous les signes des autres siècles. J'espère, Monsieur, avoir l'honneur de vous en offrir un des premiers exemplaires et de vous rendre bientost de vive voix les remerciemens que vous rend, dans une parfaite gratitude mais par un escrit muet, Monsieur, vostre très humble et très obéissant serviteur.

Chateaunières. De ma solitude de Puygrollier, près d'Uzerche, le 20e mai 1653.

A Monsieur, Monsieur Baluze, Tulle (1).

Comme on voit, le solitaire se délassait, trompait son ennui par la lecture et l'écriture, ces grandes consolatrices des affligés. Il ne se privait même pas de versifier, comme à ses débuts et sans plus de génie. Quelque velléité de se faire imprimer lui restait encore, on ne se guérit pas si

---

(1) Cette lettre a été aussi publiée par M. Tamizey de Larroque dans le *Bulletin du Bouquiniste*, 1er février 1870.

brusquement, mais elle ne persista pas. Son renoncement fut complet (1). *Le Sage hors de la Cour* (le livre n'a pas paru), c'est lui-même sans doute qu'il voulait peindre, ses désillusions, ses dégoûts de cette société dangereuse et ingrate... L'année suivante, 1654, lors de l'entrée solennelle de l'évêque Louis de Guron dans sa ville de Tulle, il lui adressa un « hymne sacro-burlesque » dans lequel il montre le même état d'esprit :

> « ... Mais comme je suis en asile
> Contre les pompes de la cour,
> Je ne vois guère le grand jour
> Et me contente icy de vivre
> Avec Dieu, ma Perle et mon livre,
> Et de rire sous le bonnet
> De cent pièces de cabinet... »

Et félicitant le nouvel évêque de son action politique et quasi militaire dans la Fronde de Guyenne, il revient sur ses mésaventures :

> « ... Je cognois ceux qui commandoient
> Et de bon œil me regardoient
> Quand ils estoient mal hors de France
> Fouettés par sa juste Eminence,
> Bref, qui me firent tant poster
> Pour me faire décapiter...
> J'en demeure assez mal payé ».

Il écrit le récit de ces discordes qui ont failli lui coûter la vie :

> « ... Je scay l'intrigue du passé
> Qui ne sera pas effacé,
> Car j'en compose icy l'histoire
> De vieille et de jeune mémoire ».

Il y a donc trois périodes tranchées dans l'existence de Grenaille. D'abord, il s'adonne exclusivement aux lettres. Sa facilité et ses succès précoces l'illusionnent, il se croit du génie, vise à l'immortalité. Son naturel n'est pourtant pas tout d'une pièce. L'inscription de sa taille-douce an-

---

(1) On a un ouvrage de Grenaille daté de 1674, mais c'est une traduction allemande dont la version originale nous paraît remonter à 1642 ou 1643.

nonce une forfanterie sans borne, l'aveugle infatuation
d'un jeune homme trop heureux dans ses débuts. Ce même
sentiment perce parfois dans ses colloques avec le lecteur :
« Je scay bien que certains dégoustez disent que j'escris
trop, mais je n'ay qu'à leur respondre d'escrire mieux ».
Ou encore il déclare qu'il n'y a pas lieu de s'étonner de la
faveur qui accueille ses ouvrages, parce qu'avant d'être
livrés au public ils ont déjà reçu l'approbation des critiques les plus savants. — Mais d'autre part et le plus souvent il se montre modeste et timide. Il travaille beaucoup
ses livres, il fait divers essais « devant que de produire son
chef-d'œuvre ». Sa grande facilité procède d'une étude
opiniâtre... Ce n'est pas la volonté de bien faire qui lui
manque, mais le talent... Il s'excuse de n'être pas né au
pays des beaux termes : « Nonobstant toutes ces précautions, il y aura plus de faiblesse que de force dans mes
discours et je ne doute point que je ne tombe bien souvent
pour ce que j'ay trop de soin de m'eslever. Mais on excu-
sera mon impuissance scachant que je la reconnois... »

Entré dans la familiarité du duc d'Orléans, il est lancé
dans la politique par ce mauvais maître (1), rêve de hautes
destinées, joue de l'important, se compromet maladroite-
ment. Jeté en prison, menacé de la torture et du dernier
supplice, abandonné de ceux pour lesquels il avait couru

---

(1) Il ne se sentait pas entraîné vers ce courant. Exposant, en
1611, ses sentiments sur la religion et la politique, il parle de celle-
ci en philosophe et non sans une pointe d'ironie. Pour ses sentiments en politique, « ils sont toujours, dit-il, un peu tremblans,
pour ce que la Politique ne semble presque aussi mystérieuse que
la Foi et que nous devons avoir une créance naturelle pour acquies-
cer à ce qu'elle nous propose, s'il nous en faut une surnaturelle
pour ce que Dieu nous révèle. Il ne faut pas sonder curieusement
le conseil de Dieu ni des Roys... Il nous est défendu de fouiller
leurs secrets, il nous est permis d'admirer leurs exécutions. Avant
tout, il faut aimer sa patrie ». C'est un peu la même pensée que le
cardinal de Retz a rendue avec plus de force : « Les droits des
peuples et des rois ne s'accordent jamais mieux que dans le silence ».

de tels risques, il est reconnu plus imprudent que coupable. Mais cette terrible leçon a brisé tous ses ressorts. Il est à jamais déçu et découragé. Dans la fleur de l'âge, à 35 ans à peine, il fuit le monde, se réfugie dans la plus étroite retraite, renonce même à son avenir littéraire. Là aussi il a souffert de l'injustice des hommes (c'est-à-dire des critiques), il attend la vieillesse et la mort dans l'obscurité et le silence.

En est-ce assez pour le juger aussi sévèrement qu'il l'a été, en faire « un de ces êtres déclassés qui se donnent volontiers à tout et à tous, n'ayant foi en rien, moine défroqué par ambition, comploteur de bas étage... » (1), etc., etc. Le portrait est trop noir, fait d'imagination et non d'après nature. Il se défroqua à 20 ans, avant d'avoir fait ses derniers vœux ni peut être les premiers. Le cas n'est pas pendable. Tout ce qu'il a écrit témoigne de sa foi chrétienne, de sa fidélité étroite à la religion, aux dogmes et même aux pratiques extérieures. Il se brûla les doigts à la politique, mais il n'a pas beaucoup marqué dans l'intrigue puisque son rôle est resté si ignoré et qu'il n'est connu que par son propre aveu. La leçon lui fut bonne. Détaché de cette erreur passagère il montra depuis, par 30 ans de vie calme et retirée et par l'expression renouvelée de ses regrets, qu'il avait obéi à une influence étrangère et non à un vice personnel invétéré. Ce n'est pas là, ou je me trompe fort, un type de cynisme et d'intrigue, mais plutôt un parangon de sot orgueil, de naïveté et de faiblesse.

Grenaille était retiré à Puygrolier avant 1653, car on ne nomme pas « ma solitude » un lieu où l'on ne s'est isolé que depuis quelques jours. Comme on n'entend plus parler de lui après cette date, il est plus que probable qu'il ne quitta plus cet « asile » et qu'il y termina ces jours. Les biographes placent sa mort en 1680 (2). Il y vécut donc environ 30 ans, et il est fort extraordinaire que cet inta-

---

(1) Larouverade, *loc. cit.*

(2) Moréri (éd. de 1759) le fait mourir en 1640, âgé de 24 ans, mais c'est une erreur manifeste.

rissable écrivain, qui ne cessa de composer, qui continua ses rapports avec ses éditeurs (il existe sept à huit éditions du *Sage résolu*, revues, corrigées, remaniées de 1650 à 1678), ne soit pas retourné à son ancien péché. Ce n'était pas impuissance et épuisement, mais volonté ferme faite d'amertume et de dépit, comme nous l'avons dit. Bouderie contre la malveillance des Zoïles, l'injustice de la société de son temps. Il n'est pas moins remarquable qu'avec son incontinence de plume, l'ancien historiographe de Gaston n'ait pris aucune part à cette innombrable production de pamphlets qui pullula pendant la Fronde. Nous lui attribuons plus loin (sous toutes réserves) une Mazarinade de l'année 1651. Mais cette pièce apologétique concernant le comte d'Avaux et le Président de Mesmes, son frère, n'est nullement dirigée contre Mazarin. Grenaille ne paraît pas avoir pris parti contre le cardinal. Il était son admirateur, lui dédiait, en 1645, son *Politique très chrétien*.

Donnons maintenant une vue d'ensemble sur l'œuvre littéraire de Grenaille. Les détails bibliographiques seront groupés dans un appendice.

Nous ne savons où l'auteur déjà cité a pris que Grenaille, « se jetant à corps perdu dans la littérature de pacotille, écrivit une série de romans qu'il crut plaisant d'offrir sous un titre décevant de moralité : l'*Honnête fille*, l'*Honnête garçon*, l'*Honnête veuve*, l'*Honnête mariage*, l'*Honnête maîtresse*... ». Evidemment cet auteur n'avait pas lu un seul de ces livres, sans quoi il se serait aperçu que ce ne sont nullement des romans et que le reproche qu'ils méritent le moins est celui d'immoralité. Grenaille n'a pas écrit un seul roman. Au sortir du couvent, le bagage qu'il avait emporté n'était point si indigne de la sainte profession qu'il quittait. Ses supérieurs, s'ils avaient fouillé ses manuscrits, auraient trouvé sans doute qu'il pouvait mieux employer son temps, mais ne l'eussent point frappé d'une telle réprobation. Il devait en être à l'abri, ayant pris ses précautions à cet effet. Ce n'est point un libertin, suivant l'expression du temps, pas même un

indépendant. Il répète souvent qu'il se soumet à l'Église
pour tout ce qui touche la foi, et à l'Académie pour ce qui
concerne le savoir et la bienséance (1). Ces prétendus
romans, dont le titre serait si trompeur, ont été volontai-
rement présentés à la censure ecclésiastique et sont tous
revêtus d'approbations élogieuses des docteurs en théologie préposés à cet examen. L'*Honneste mariage*, par exemple, est assorti de la déclaration suivante : « Nous soubsi-
gnez, Docteurs en théologie de la Faculté de Paris, certi-
fions avoir leu et diligemment examiné un livre intitulé
l'*Honneste mariage*, composé par M. de Grenaille, sieur
de Châtounières et n'y avoir rien remarqué qui ne soit
conforme à la doctrine de Nostre Mère Sainte Église, ains
y avoir admiré l'art de l'auteur qui donne de la consola-
tion aux personnes mariées, parmi leurs croix, et du courage aux vierges pour se maintenir dans le célibat en
voyant les charges des autres. En foy de quoy nous avons
signé. A Paris, ce 9 may 1640. F. CLAUDE VANIER, Docteur
Régent au grand convent des Carmes. F. BERNARD LAURENT.

De même pour l'*Honneste veuve*, la *Bibliothèque des
Dames*, la *Mode* et autres ouvrages de notre auteur dans
le même genre. Inutile d'ajouter que si Grenaille avait été
tenu pour un renégat, il n'eût point obtenu des censeurs
ecclésiastiques une bienveillance si marquée.

Il voulut être, il crut être un philosophe et un historien.
Ces titres sont au-dessus de son mérite, mais il peut être
classé parmi les moralistes et les panégyristes. Il étudiait
sérieusement, avec d'honnêtes intentions, un personnage
déterminé, un caractère en général, tel état de l'âme, telle
conjoncture de la vie, tel spectacle de la nature, tendait à
faire preuve de raisonnement et d'érudition, non d'invention ou d'imagination. Il n'y a qu'une exception : une
tragédie en vers.

Méditer sur un sujet, grouper ses réflexions, exposer
ses sentiments et ses preuves, agrémenter les principes et

(1) Notamment dans la préface du *Bon Esprit*.

les déductions d'anecdotes, de comparaisons, de digres-
sions empruntées aux anciens et aux modernes, pour se
mettre à la portée des esprits de moyenne culture, des
gens du monde, des femmes, Grenaille avait choisi ce do-
maine et n'en est guère sorti que pour faire quelques in-
cursions vers l'histoire. Dans ce genre de littérature,
aujourd'hui passé de mode, il trouvait de grands prédé-
cesseurs et d'admirables modèles : Plutarque, Cicéron,
Sénèque, Tertullien, Pétrarque et même Montaigne, mais
il n'avait pas leur génie et se rapproche plutôt de leurs
imitateurs dégénérés, ces auteurs de *Diverses leçons*, les
Messie, les Duverdier, les Guyon de la Nauche dont les
plates rapsodies, pourtant pleines de recherches, riches de
faits, pavées de bonnes intentions, ne supportent plus la
lecture. Quoiqu'il en soit, Grenaille n'a à son actif que des
œuvres morales, qui, si inférieures qu'elles soient à celles
de ses illustres devanciers, partent de la même inspiration,
tandis qu'elles n'ont rien de commun avec l'Astrée ou le
Grand Cyrus. L'*Honnête fille*, l'*Honnête mariage*, l'*Honnête veuve* sont des romans à peu près comme l'*Ouvrière*,
de M. Jules Simon. *Si parva licet...*

Grenaille paraît avoir débuté dans les Lettres par de
petits poèmes latins et français en l'honneur de Gustave-
Adolphe, roi de Suède, et du duc de Weimar. L'abbé
Goujet mentionne le poème sur les victoires de Gustave-
Adolphe et sa traduction libre en vers français, de la même
année 1639, uniquement pour dire que « l'auteur est fort
peu révéré dans la République des Lettres et très décré-
dité sur le Parnasse » (1). Ces pièces furent critiquées à
un autre point de vue, car dans un opuscule qui suivit
de près : *La Place Royale ou la Statue dressée à Louis-
le-Juste*, Grenaille se crut obligé de se justifier contre
« certains dévots » d'avoir composé l'éloge de ces deux
capitaines de religion protestante. Il déclare qu'en louant
chacun d'eux il n'a « jamais parlé de la créance de son

_____

(1) *Bibliothèque française*, t. VII, p. 297.

BIBLIOTHÈQUE NATIONALE
DON
DELISLE BURNOUF
IMPRIMÉS

cœur », c'est-à-dire de sa religion. « J'ay loué, dit-il, ses vertus morales [du duc de Weimar] sans faire mention ny de sa foy ny de sa dernière fin. Je suis trop attaché à la vraye Église pour croire qu'il y ait de salut hors de son sein, mais je ne suis pas d'ailleurs ignorant à ce point là que de juger qu'un homme est dépourveu de toute sorte de louables qualités parce qu'il n'est pas catholique comme nous.... Pour moy, qui aime parfaitement la Religion et l'Estat, je serois bien marry d'offencer ny l'un ny l'autre. Le Roy n'eust pas pris le dueil pour le décès du duc de Weimar, si ses sujets ne l'eussent pu regretter légitimement et, pour estre bigot, il ne faut pas se rendre ingrat ou extravagant ». Cela n'est point si mal pensé.

Outre ces trois poèmes, Grenaille donna cette année une œuvre beaucoup plus importante : une tragédie en cinq actes et en vers : *L'Innocent malheureux ou la mort de Crispe.*

Le sujet était pris dans l'histoire de Constantin le Grand. Fauste, seconde femme de cet empereur, ayant conçu de l'amour pour Crispe, fils de son mari et de sa première femme Minerve et n'en ayant pas été écoutée, l'accusa d'avoir voulu la séduire. Constantin crut son fils coupable et le fit empoisonner. Eclairé bientôt après sur la perfidie et les désordres de Fauste, il la livra aussi à la mort. Comme on voit, c'est le même thème que celui de la Fable concernant Thésée, Hippolyte et Phèdre, le même drame de famille dans les temps héroïques et au quatrième siècle de notre ère. Grenaille avait choisi le sujet historique, qui avait été déjà traité en latin par un jésuite italien nommé Stéphonius, 1601, et par Nicolas de Vernulz, professeur à l'Université de Louvain, 1631. Euripide, Sénèque, chez les anciens, Robert Garnier au xvie siècle, La Pinelière, Gilbert, de Bidar au xviie et après eux Racine ont préféré les personnages fabuleux qui frappent davantage l'imagination. La trame des évènements étant identique, il y a forcément des analogies entre les situations de la tragédie de Grenaille complètement oubliée (pour ne parler que de notre auteur) et celles de la Phèdre de Racine. Bien plus, Racine aurait fait l'insigne honneur à Grenaille de lui emprunter certaines parties du caractère d'Hippolyte. Dans Euripide, le fils de Thésée est un symbole de chasteté, la seule vertu dicte son refus indigné ; elle est doublée, chez Racine, de l'amour du jeune héros pour une autre femme. Cette invention appartiendrait à Grenaille . Les frères Parfaict, dans leur *Histoire du Théâtre français*, le constatent en ces termes : « L'amour de Crispe [pour Adélaïde, confidente de l'impératrice, dans Grenaille] est heureusement imaginé, disent-ils. M. Racine, voulant représenter Hippolyte dans une circonstance pareille, paraît avoir emprunté cette idée à Grenaille ». Ils ajoutent, il est vrai, que Grenaille semble ne l'avoir inventée que pour la rendre avec maussaderie (1). Racine avait peut-être prévu l'observation, car il se justifie de la création d'Aricie, comme on peut le voir dans sa préface.

Faut-il, à l'instar des frères Parfaict, reproduire, par exemple, la scène de la déclaration entre Fauste et Crispe (acte III, sc. II, de Grenaille), pour la comparer à celle entre Phèdre et Hippolyte (acte II, sc. V, de Racine). Je n'ai pas ce courage. Elles se ressemblent en effet, même situation, mêmes sentiments. Rien de plus noble et de plus sublime que Phèdre et Hippolyte, rien de plus plat et de plus vulgaire que Fauste et Crispe. Un mot suffit. Fauste termine ainsi dans l'élan de sa passion :

« *Cruel, tu ne veux pas appointer ma requeste !* »

Et Crispe répond :

« *Sans doute l'Empereur la doit trouver honneste !* » (2)

Passe encore de comparer Grenaille à Tristan (3) ou à Pradon qui ont aussi traité le sujet, mais à Racine !...

---

(1) *Hist. du Théâtre français*, t. VI, p. 85.

(2) Grenaille était grand admirateur de La Calprenède, et dans un discours sur le Théâtre du temps, qui précède sa pièce, il fait un pompeux éloge de l'*Édouard* qui venait de paraître.

(3) Il serait même cruel, pour notre auteur, de suivre de près le

Pauvre Racine ! sa plus belle œuvre n'est qu'une série d'emprunts, d'après les malgracieux scoliastes. Ceci est pris d'Euripide, cela de Sénèque, de Sophocle, de Sapho, de Virgile, de Lucrèce, d'Horace ; le caractère d'Hippolyte appartient à Grenaille ; une demi-douzaine de vers sont volés mot pour mot à mademoiselle de Calages... Il ne lui reste rien de sa Phèdre... qu'une gloire immortelle !

On ne peut pourtant refuser à Grenaille une grande ouverture d'esprit, des connaissances très étendues et une puissance de travail très rare à son âge. Il écrivait couramment le latin en vers et en prose, parlait l'italien, l'espagnol, était familier avec l'antiquité. Comme le dit un de ses critiques, les moins indulgents : « Il avoit demeuré dans le cabinet et préféré l'estude aux débauches et aux divertissements trop habituels aux jeunes gens ». C'est par le style qu'il pèche le plus, il n'en a pas. Le style c'est l'homme. L'aphorisme signifie aussi que qui manque de style n'est pas un homme, n'est pas quelqu'un en littérature et n'écrit pas pour la postérité. Ce n'est pas ce qu'on pense aujourd'hui, où l'on tient que l'idée est tout et là forme une superfluité négligeable, où l'on préfère, même dans les tournois académiques, à une langue élégante, harmonieuse, claire, française, une « écriture »

---

parallèle entre lui et Tristan, qui fit une *Mort de Crispe* six ans après la publication de l'*Innocent malheureux*. M. Bernardin, pp. 454-457, en touche quelque chose, fait ressortir la supériorité de Tristan dans l'invention, la peinture des sentiments et surtout le style, accable Grenaille rien qu'en citant quelques-unes de ses platitudes. Il faut passer condamnation, plaider les circonstances atténuantes. Malgré ses inégalités, Tristan était un vrai poète, dans la maturité de son talent, sur le point d'entrer à l'Académie dont il n'était pas indigne. Grenaille n'avait que de la facilité sans le feu sacré, était dans sa 23e année, débarquait de sa province. Il dit lui-même, dans sa préface : « Ayant produit cet ouvrage à la ca m pagne, où je ne voyais ni poètes ni comédiens, je ne pouvois pas faire un chef-d'œuvre de cour ». Ce n'est qu'un essai de jeunesse, ridicule en beaucoup de parties, mais où il y a quelques beaux vers, quelques bonnes idées, dont Tristan et Racine lui-même n'ont pas dédaigné de faire leur profit.

dure mais forte de choses, comme les vers de La Motte...
Mais il semble déjà, que demain ne sera pas du même
goût. Grenaille a beaucoup de lecture, des idées, du jugement, et il est fade, sans grâce, sans relief malgré sa re-
cherche constante des antithèses et des pointes si chères
à son temps ; il n'est plus lisible.

L'année 1640 fut pour notre auteur encore plus féconde
que la précédente. Dans son opuscule *La Place Royale*,
qui n'est qu'un panégyrique de Louis XIII, il écrivait :
« Après avoir cy montré la figure du plus grand monar-
que de l'Univers, je promets au lecteur de luy donner bientost, dans l'*Honneste fille*, le tableau d'une des plus belles
princesses du monde ».

L'*Honneste fille* parut en effet en 1640, en trois tomes
in-4º. L'ouvrage est dédié à Mademoiselle (la grande
Mademoiselle, fille de Gaston). Si c'est elle que Grenaille
a voulu peindre dans cette copieuse élucubration, le portrait n'était pas définitif. Mademoiselle n'avait encore que
13 ans. De la même année sont l'*Honneste mariage*,
l'*Honneste veuve*, la *Gallerie des Dames illustres*, la *Bibliothèque des Dames*. Tous ces ouvrages sont des traités
moraux (1) et la *Bibliothèque des Dames*, qui semble
annoncer un sujet frivole, n'est qu'une traduction de
pieux traités, de lettres adressées par des Pères de l'Église
aux dames chrétiennes de leur temps. L'approbation élo-
gieuse des Docteurs en théologie ne manque à aucun de
ces volumes (2).

---

(1) Il y a cependant, dans l'*Honneste mariage*, des raisonnements très risqués, et ce qu'on a appelé depuis le malthusianisme
y est traité d'une étrange façon, plus curieuse qu'édifiante.

(2) A partir de 1640, François de Grenaille ajoute à son nom la
qualification de sieur de Châtounières (et non Châtonnières, comme
l'écrivent les biographes). Il n'a fait cette addition, dit-il (Avertissement de l'*Honneste mariage*), que pour obéir au vœu de son
père qui venait de lui donner ce petit fief. Plus tard, Châtounières
lui ayant paru sans doute vulgaire, il le changea en Châteaunniè-
res. Enfin, il prit le titre d'écuyer. Dans son *Théâtre de l'Univers*
il cite Châtounières parmi les lieux remarquables du Bas-Limou-

En 1641, trois nouveaux ouvrages. Le *Bon Esprit*, dédié au cardinal de Richelieu, est une sorte d'apologie du grand ministre. « Personne, lui dit l'auteur dans la dédicace, ne peut douter que vous ne soyez le premier original de mon livre ». Dans une longue préface, l'auteur expose son plan. Arrivant à dire qu'il examine l'esprit de chaque nation, de chaque race, il s'excuse de s'être étendu sur ses compatriotes. « Que si j'ay plus parlé, dit-il, des Lymosins que des autres peuples de France, ce n'est pas que je veuille avantager l'un au désavantage de l'autre, mais je ne veux offenser personne en obligeant ma patrie » (1). Il accorde que ce n'est pas « le pays des beaux termes », mais il n'en aime pas moins la contrée qui l'a vu naître et les brocards de Rabelais et de Molière ne l'empêchent pas de se montrer fier de son origine. Il rappelle avec complaisance les illustrations limousines, les papes, les hommes doctes et curieux, les peintres sur émail, vante l'honnêteté des mœurs, la vie patriarcale des paysans qui ne séparent guère ni leur famille ni leurs biens, vivant autour du « bon homme » jusqu'à la quatrième génération : « s'estans trouvés quelquefois jusques à cent, tous en une maison et tous parens » (2).

Le livre du *Bon Esprit* prouve bien qu'en 1641 Grenaille n'était pas encore historiographe du duc d'Orléans. Gaston, alors exilé à Blois, conspirait contre Richelieu, d'accord avec le comte de Soissons qui se faisait tuer à la Marfée. Dans le groupe de ses amis, qu'on appelait le conseil de *Vauriennerie*, l'éloge de Richelieu n'était pas à l'ordre du jour. Le *Bon Esprit* avait été composé à Agen, comme nous l'apprend son auteur (3), c'est-à-dire vers 1638 : l'historiographe de Gaston l'eût gardé quelque temps de plus en portefeuille.

---

sin. Aujourd'hui, on chercherait vainement la trace de ce lieu célèbre.

(1) Le *Théâtre de l'Univers*, éd. de 1613, pp. 537-552 ; éd. de 1616, t. I, pp. 979-993.

(2) Le *Théâtre de l'Univers*, éd. de 1613, p. 538.

(3) Préface du *Bon Esprit*.

Les *Plaisirs des Dames*, de la même année, ont excité particulièrement les railleries des critiques, on le verra plus loin. Le sujet était singulièrement choisi. Il prêtait à des développements où il eût fallu une main plus délicate pour éviter le ridicule. Au fond, l'ouvrage est du même genre que l'*Honneste mariage*, l'*Honneste veuve*, plein de vues saines et honorables, mais sur des matières scabreuses comme le Bouquet, le Bal, la Promenade, etc. ; il était malaisé, à un esprit un peu lourd, de rester dans les justes limites des convenances et du bon goût. Grenaille semble se complaire à vanter ces plaisirs mondains, mais ce n'est qu'un artifice oratoire pour mieux en montrer la vanité et le danger. « Je parle d'abord avec les profanes, dit-il, pour parler après avecque les saincts. J'autorise un peu les discours du monde pour les réfuter après ». Mais dans l'un et l'autre cas il ne sait pas garder la mesure, se noie dans les analyses, les parallèles, les oppositions avec un assommant étalage d'érudition sur des puérilités. Le livre eut du succès. Les Elzévirs ne dédaignèrent pas d'en donner une charmante édition qui est encore aujourd'hui très recherchée.

Le Sage résolu contre la Fortune, encore de la même année, est une traduction libre, tantôt résumée, tantôt amplifiée, de quelques dialogues du *De Remediis utriusque fortunæ* de Pétrarque. Sur des sujets très divers, c'est un ensemble de réflexions morales et philosophiques dans le genre dont nous avons parlé. La matière et la plupart des idées appartiennent à Pétrarque, mais la disposition, la forme, les développements propres à Grenaille lui permettent de réclamer le *Sage résolu* comme une œuvre personnelle, pour ainsi dire. « Sans offencer la vérité ni la modestie, je puis asseurer qu'encore que j'aye basty dans le fond du Pétrarque, l'édifice est mien en quelque façon, car avec ce que je luy ay donné la forme qu'il a, j'ay fourny la moitié de la matière... » Ainsi s'exprime Grenaille dans sa préface. La comparaison de l'original latin, qui est en dialogues avec la version française en raisonnements suivis, d'une ordonnance très différente, montre que la prétention n'est pas exagérée. C'est le livre de Grenaille qui a eu le plus de vogue. De 1641 à 1678 on en connaît, sous son titre primitif ou sous celui d'*Entretiens moraux de Pétrarque*, huit ou dix éditions. A mon sens, il ne dépasse pas le niveau ordinaire du talent de notre auteur, même associé au génie de Pétrarque. On sait d'ailleurs que si l'amant de Laure n'avait écrit qu'en prose, il n'aurait pas gardé une si grande place dans la mémoire des hommes (1).

Au *Sage résolu* succédèrent à coups pressés une série d'autres ouvrages : *La Mode ou le caractère de la Religion*, la *Galerie des Dames illustres*, les *Amours historiques des Princes*, le *Mercure Portugais* ou relation de la Révolution du Portugal, le *Théâtre de l'Univers*, les *Caprices héroïques de Lorédano*, le *Politique très chrétien*, un traité de l'esprit humain, etc., etc.

La relation de la Révolution du Portugal, étude d'histoire contemporaine, trouva grâce devant la critique. L'intérêt des faits, assez fidèlement rapportés, donnait à l'œuvre une certaine valeur. Le *Théâtre de l'Univers* pouvait, à mon avis, gagner aussi les suffrages. La partie cosmographique y est trop légèrement traitée, mais la science du temps était fort arriérée. On y trouve, en revanche, de curieuses informations au point de vue de l'administration, de l'économie sociale et des mœurs. Publié d'abord en un volume, dans lequel la France occupait presque toute la place, l'ouvrage fut entièrement refondu et porté à trois volumes. Les nombreux voyages de l'auteur lui avaient permis de recueillir beaucoup d'observations qu'il a mises à profit. Pour la France, les détails sont très abondants, particulièrement pour les pays les mieux connus de l'auteur, le Limousin, l'Agenais, le Bordelais.

L'avant-dernier ouvrage livré au public par Grenaille an-

---

(1) Cf. Mémoires de Niceron, art. Pétrarque, t. XXVIII, p. 385.

nonçait sinon une transformation dans son talent, au moins une meilleure orientation dans l'emploi de ses facultés. Il peut encore être lu sans fatigue et avec quelque utilité. Un auteur espagnol, non sans mérite, le capitaine Fernandez de Villaréal, avait publié, après la mort de Richelieu, un panégyrique du grand ministre. Grenaille en donna une version en français et en italien. Mais comme pour les *Entretiens de Pétrarque*, il ne se borna pas à une simple traduction ; son *Politique très chrétien* est plutôt un complément qu'une copie de l'ouvrage espagnol. Les recherches sur la famille de Richelieu, notamment, que Grenaille rattache en ligne directe par les femmes à Louis-le-Gros et aux rois de Castille, de Léon, d'Angleterre et de Jérusalem étaient une partie neuve. Les historiens de Richelieu trouveront à glaner dans ce volume, assez bien composé et d'un meilleur style que les précédents. Ils eut trois éditions, dont deux par les Elzévirs. Tous ces ouvrages furent, du reste, accueillis par le public avec faveur, furent la plupart réimprimés et quelques-uns traduits en langues étrangères, en italien, en allemand, etc.

Si l'on veut maintenant connaître en détail comment Grenaille fut traité par la critique, voici d'abord ce qu'en dit le savant Samuel Sorbière :

« Il y avoit à Paris, environ ce temps là, un certain Grenailles, sieur de Châtonnières, Limosin, jeune homme de vingt-six ans, qui décocha tout à coup une prodigieuse quantité de livres, dont il nomma les uns, l'*Honnête fille*, l'*Honnête veuve*, l'*Honnête garçon* ; les autres, la *Bibliothèque des Dames*. Dans les *Plaisirs des Dames*, cē que je trouvois de louable étoit qu'apparemment un homme de cet âge avait demeuré dans le cabinet et s'étoit abstenu de plusieurs débauches pour composer des livres. Mais au reste les bonnes choses y étoient fort rares et ce qu'il y en avoit de bonnes avoient été déjà dites si souvent que ce n'étoit pas grande gloire de les répéter. Le stile était assez fade et qui faisoit juger de l'auteur qu'il n'écrivoit que pour écrire. Son livre des *Plaisirs des Dames* est divisé

en cinq parties : du Bouquet, du Bal, du Cours, du Concert, de la Collation. D'abord il traite la question si c'est
le Bouquet qui orne le sein ou si au contraire celui-ci
emprunte de lui toute sa grâce : sur quoi il juge en faveur
du dernier, estimant que des deux hémisphères d'une
dame il sort une influence qui anime le bouquet et le rend
non seulement plus beau mais de plus de duréé. C'est de
ces belles pensées qu'il espère l'immortalité et qu'il fait
interpréter la devise de sa taille-douce dont il pare le
frontispice de son ouvrage : *Hâc mortales evadimus immortales* » (1).

Ce qui prouve bien que Grenaille avait non seulement
gagné la faveur publique dès ses débuts, mais l'avait con-
servée longtemps après avoir cessé d'écrire, c'est que
Gabriel Guéret l'a introduit dans sa *Guerre des auteurs*,
publiée pour la première fois en 1662. Il lui fait adresser
ces reproches par Balzac, qui ne se montre pas aussi sé-
vère que le *Sorberiana*. Balzac épargne au moins deux
ouvrages de notre auteur. « On vous laisse, lui dit-il, votre
Sage résolu en faveur de Pétrarque et l'on veut bien vous
laisser aussi votre relation de la *Révolution du Portugal*,
à la charge d'en ôter votre portrait dont l'inscription est
trop fanfaronne pour un auteur comme vous. Si vous n'y
aviez marqué que le lieu de votre naissance et que vous
vous fussiez contenté d'y joindre que vous vous êtes fait
moine à Bordeaux et que depuis vous jetâtes le froc à
Agen, on l'auroit soufferte, mais vous y ajoutez que vous
vous êtes rendu immortel à Paris : c'est un article qui n'a
rien de la vérité des trois précédents et sous le bon plaisir
d'Apollon il sera rayé » (2).

---

(1) *Sorbériana*, p. 106. Paris 1694. — Il y a des inexactitudes de
fait dans cet article. Grenaille avait publié ses dix premiers volumes à 24 ans. Les *Plaisirs des Dames* sont divisés en sept parties, la devise est mal rapportée. Ces erreurs se retrouvent dans
les Biographies de Grenaille.

(2) *Guerre des auteurs*, édit. de Hollande, pp. 168, 169.

BIBLIOGRAPHIE [1]

— *Gustavvs Adolphus, Rex Sveciæ Semper Augustus ac Trivmphator, In suis feliciter redivivvs. Ad illustrissimvm et Sapientissimvm virvm D. D. Grossivm, Sveciæ nomine Legationem in Galliis Dignissime obeuntem.* Authore Francisco Grenaille Vzerchiensi. Parisiis apud Ioannem Paslé, via Iacobæa, sub signo Pomi Aurei, e regione S. Seuerini. M. DC. XXXIX.

Pièce in-8° de 12 pages, titre compris. La dédicace à l'illustre Grotius est en français. Le poème latin est garni en marge de notes en français. A la fin, page 12, on lit : *Canebat Grenaille Vzerchiensis.* (Bibl. nat. Ye 8,272).

— *Le Roy de Suède Resvscité. A Son Altesse de Weimar.* De l'Inuention de Grenaille. A Paris, chez Iean Paslé, rue S. Iacques, à la Pomme d'Or, près S. Séuerin. M. DC. XXXIX.

Pièce in-8° de 24 pages, titre compris. « A Son Altesse le duc de Weimar, Ouuertvre au Poëmé suiuant ». Poème en vers français. (Bibl. nat. Ye 7,724).

— *Mars Sepultus. Sev Weimarivs Elatvs ; Epicedivm, Germania Galliæ, Gallia Germaniæ. Elegiæ.* De obitu Wimarii Ducis. Eiusdem epitaphivm et sepulchralis inscriptio. Authore Francisco de Grenaille, Vzerchiensi. Lutetiæ Parisiorvm, apud Ioannem Paslé, via Iacobæa, sub signo Pomi Aurei, e regione Sancti Seuerini. M. DC. XXXIX.

Pièce in-8° de 11 pages. Eloges funèbres en français. (Bibl. nat., dans un recueil factice coté M 3,787-3,800, sous le titre : *Miscellanea de rebus Germanicis ab anno 1634 ad annum 1639,* où cette pièce est accompagnée de la suivante.

(1) Les répertoires bibliographiques, fort insuffisants en France, bien inférieurs notamment à ceux de l'Allemagne, mentionnent à peine trois ou quatre ouvrages de Grenaille. J'ai dû dresser ce travail à l'aide des sources spéciales que j'indique, ouvrages de ma bibliothèque ou de la Bibliothèque nationale, catalogues de librairie, etc. Dans ces conditions, je ne puis garantir qu'il ne présente quelques lacunes, que je crois pourtant peu importantes. Il aurait laissé davantage à désirer sans le concours précieux que m'a prêté mon ami, le normalien Alphonse Rebière, très savant mathématicien en même temps que lettré distingué. Je lui dois la plupart des indications prises au dépôt de la rue Richelieu et lui en exprime ma gratitude. A tout le moins, ma liste est exacte et rectifie nombre d'erreurs. Les ouvrages marqués d'un astérisque font partie de ma bibliothèque, leur description offre une certitude particulière. Ma rédaction permettra de distinguer ceux que j'ai décrits *de visu* de ceux que je mentionne de seconde main.

— Discours funèbre sur la mort dv duc Bernard de Weimar, Décédé en la ville de Neubourg, Et déposé à Brisac. Par le sieur de Grenaille. — A Paris, chez Iean Paslé, rue Sainct Iacques, à la Pomme d'Or, proche Sainct Seurin. M. DC. XXXIX.

In-8° de 20 pages.

— * La Place Royale ov la Statve dressée à Lovis le Ivste par l'ordre et la magnificence de Monseignevr l'eminentisisme Cardinal dvc De Richeliev. Par le sieur de Grenaille. — A Paris, chez Jean Paslé, rue Sainct Iacques, à la Pomme d'Or, vis-à-vis Sainct Séuerin. M. DC. XXXIX. Avec permission.

In-4°, 54 pp. Dédicace à l'abbé d'Aumont (Roger d'Aumont, abbé d'Uzerche). De Paris, ce 6 octobre 1639. Contient : Eloge du Roy sur le sujet de la Statue dressée à la place Royale le jour de la naissance de Sa Majesté (en prose) ; Stances au Roy sur le sujet de la Statue... ; Paris à Monseigneur le Cardinal de Richelieu (poésies et autres pièces vers et prose, en latin et en français sur le même sujet).

— L'Innocent malheureux ou la mort de Crispe. Tragédie. Par le sieur de Grenaille. — Paris, Iean Paslé, rue Sainct Iacques. M. DC. XXXIX.

In-4°. En cinq actes en vers. Dédiée à Mgr Messire Jean, vicomte de Pompadour et capitaine aux Gardes. — La préface, très longue, est intitulée : Ouverture générale à toute la pièce avec un discours sur les poèmes dramatiques de ce temps, principalement sur ceux de La Calprenède et de Benserade, des arguments et autres pièces. Le privilège est du 30 septembre 1639. Achevé d'imprimer le 22 novembre. (N° 1176 du Catalogue de Soleinne, V. Beauchamps, *Recherches sur les théâtres de France,* 2° part. p. 164 ; Léris, Dict. des théâtres, pp. 301, 588).

— L'Honneste fille. Dédiée à Mademoiselle. Première partie. Par le sieur de Grenaille. — A Paris, chez Iean Paslé, rue Sainct Iacques, à la Pomme d'Or, vis-à-vis Sainct Séuerin. 1640.

L'Honneste fille. Dédiée à Mademoiselle de Bourbon. Par le sieur de Grenaille. IIme Partie. — A Paris, chez Toussainct Quinet, au Palais, dans la petite salle des Merciers, soubs la montée de la Cour des Aydes. M. DC. XXXX.

L'Honneste fille où dans le premier livre il est traité de l'esprit des Filles. Par François de Grenaille sieur de Chatounières. — A Paris, chez Antoine de Sommaville et Toussainct Quinet, au Palais (sans date).

In-4°. Ouvrage en trois parties ou tomes qu'on trouve reliés séparément. Première partie : titre, épitre, préface, stances, sans

chiffres, et 372 pp. plus la table ; seconde partie : titre, épitre,
avertissement sans chiffres, et 394 pp. ; troisième partie : épitre,
l'auteur à son livre, tables, sans chiffres et 386 pages. — Malgré la
différence dans la mention des libraires, je suppose que l'ensemble
de ce copieux ouvrage avait eu les mêmes éditeurs qui s'étaient
partagé le tirage. (Bibl. nat. R. 1306, a. 1 ; a. 2 ; a. 3). — Il semble
qu'il devait avoir une suite, car dans l'*Honneste mariage* qui va
suivre, l'auteur s'exprime ainsi : « Ne croyés pas, mon cher lecteur,
que j'aye quitté le dessein de l'*Honneste fille*, quoique je vous
fasse présent de l'*Honneste mariage*. Vous avez eu déjà trois parties de la première et vous n'avez pas raison de vous offenser, si
j'attends le jugement que vous en fairez devant que je vous donne
les autres ». M. Weiss (Biographie Michaud), dans un article qui
comporterait plusieurs rectifications, énonce que l'*Honnête femme*
du P. Du Bosc et l'*Honnête homme* de Faret inspirèrent Grenaille
dans le choix de ses études morales et de leur titre. L'ouvrage du
P. Du Bosc avait paru en 1632, celui de Faret fut imprimé la même
année que l'*Honneste fille*.

— *L'Honneste homme*.....

On lit dans l'avertissement de l'*Honneste garçon* (1642) qui sera
décrit plus loin : « L'Honneste homme, ayant donné sujet à la description de l'Honneste femme, l'Honneste fille m'a obligé de peindre
l'Honneste garçon,.. » L'*Honneste homme* a donc paru avant 1642.
Nous n'avons pas trouvé mention de cet ouvrage dans les Biblio-
graphies. Il n'est pas à la Bibliothèque nationale.

— *L'Honneste femme*.....

Même observation que ci-dessus. Cet ouvrage n'est pas le même
que l'*Honneste mariage*, car on lit dans l'avertissement de ce dernier : « J'ay jugé qu'après les caracthères achevés de l'Honneste
homme et de l'Honneste femme, celuy de l'Honneste mariage
estoit nécessaire ».

— * *L'Honneste mariage.* Par M. de Grenaille, s' de
Chatounières. — A Paris, chez Toussainct Qvinet, au
Palais, dans la petite salle des Merciers, soubs la montée
de la cour des Aydes. M. DC. XL. Avec privilège du Roy et
approbation . (Le frontispice gravé, qui précède le titre,
porte : A Paris, chez Antoine de Sommaville et Toussainct
Quinet, au Palais).

In-4°, 8 ff. préliminaires et 334 pp. L'approbation des Docteurs
en théologie est du 9 mai 1640, le privilège du 20 juillet. Achevé
d'imprimer le 4 août 1640.

— * *L'Honneste vefve.* Par M. de Grenaille, s' de Chatounières. — A Paris, chez Toussainct Qvinet, au Palais,
dans la petite salle des Merciers, soubs la montée de la
cour des Aydes. M. DC. XL. Avec privilège du Roy et approbation. (Le frontispice gravé, avant le titre, porte : A

Paris, chez Antoine de Sommaville et Toussaint Quinet,
au Palais).

In-4°, 10 ff. préliminaires et 334 pp. L'approbation des Docteurs
est du 11 août 1640, le privilège du 20 juillet. Achevé d'imprimer
le 21 août 1640. L'ouvrage est dédié à la comtes e de Chalais (1). —
Quelques biographes mentionnent un autre ouvrage du même
genre : l'*Honnête maîtresse*, sans plus ample indication. Je n'en
ai trouvé aucune trace et crois qu'il n'a jamais paru (2).

— * *La Bibliothèque des Dames.* Par M. de Grenaille,
sʳ de Chatounières. — A Paris, chez Antoine de Sommaville, au Palais, dans la gallerie des Merciers, à l'Escu de
de France. ᴍ. ᴅᴄ. xʟ. Avec privilège du Roy et approbation. (Le frontispice gravé porte : A Paris, chez Antoine
de Sommaville et Toussainct Quinet, au Palais).

In-4°, 12 ff. préliminaires et 222 pp. L'approbation des Docteurs
est du 1ᵉʳ août 1640, le privilège du 20 juillet. Achevé d'imprimer
le 11 août 1640. Dédicace à la duchesse d'Aiguillon. Traduction libre
des traités de Tertullien des Ornements des femmes, de la Lettre
de S. Paulin à Célantia, de l'Eloge de Ste Paula par S. Jérôme, des
Lettres du même à Lœta et à Asella. — Il y a des exemplaires dont
la page de titre porte : Paris, Toussainct Quinet... 1640.

— *La Gallerie des Dames illustres.* Par le sieur de Grenaille. — Paris ......, 1640.

La Gallerie des Dames illustres .... — Paris ..... 1643.

In-4° pour la 1ʳᵉ édition, petit in-8° pour la seconde. Je prends
cette indication dans un catalogue de librairie. Cet ouvrage est
divisé en trois parties ou « appartemens » suivant l'expression de
l'auteur. La première renferme les quatre amoureuses, la seconde
les quatre chastes et la troisième les quatre saintes. Manque à la
Bibliothèque nationale.

— *Les Plaisirs des Dames. Dédiez à la Reyne d'Angleterre.* Par M. de Grenaille, escuyer, sʳ de Chatounières. —
Paris, Clouzier, 1641.

In-4°, avec le portrait de l'auteur. Epître dédicatoire à la Reine
d'Angleterre. Je n'ai vu qu'un fragment de ce volume, dont je
prends l'indication dans un catalogue de librairie. Cette édition est
citée par le *Manuel du Libraire.* Le P. Lelong (t. IV, p. 205 de
sa liste de portraits) cite le portrait de Grenaille et le dit gravé

---

(1) Grenaille lui dit qu'il l'a peinte dans son ouvrage et que c'est
son portrait qu'il présente au public. Mais sur cette dame, sœur de
Jeannin de Castille, femme de Talleyrand-Chalais, décapité, il y a
une *historiette* de Tallemant de Réaux, qui donnerait à croire
qu'elle ne fut pas plus honnête femme qu'honnête veuve. Tallemant, il est vrai, est sujet à caution.
(2) Mais je ne suis pas absolument affirmatif. L'ouvrage est mentionné d'abord par Bayle, puis par Moréri.

par Rousselet. Il qualifie Grenaille de poète et hansonnier. Lui aussi n'avait pas pris la peine de lire l'auteur dont il parlait.

* *Les Plaisirs des Dames. Dédiez à la Reyne de la Grande Bretagne.* Par M. de Grenaille, escuyer, sieur de Chatounières. — Jouxte la copie imprimée à Paris, clɔ. lɔ. c. XLIII. (Leyde, Elzévier, à la sphère).

Petit in-12, 4 ff. préliminaires, 361 pp. plus la table. Cette édition est portée dans le catalogue officinal des Elzévier de 1644, et la sphère, qui figure sur le titre, est celle de Louis Elzévier, d'après M. Claudin, l'érudit libraire. Un catalogue des libraires De St-Denis et Mallet (mars 1880) a mentionné les *Plaisirs des Dames* sous cette rubrique : Jouxte la copie imprimée à Paris chez la veuve Martin (à la sphère), 1643, in-24, haut. 125 mill. (note de M. E. Rupin). Les mots : *Chez la veuve Martin*, qui ne se trouvent pas sur la page de titre de l'édition elzévirienne, laisseraient croire que ce serait là une autre édition. Mais il faudrait voir le volume. — L'ouvrage est divisé en sept parties (1) : le Bouquet, le Cours, le Miroir, la Promenade, la Collation, le Concert, le Bal. C'est le plus connu des ouvrages de Grenaille et c'est le plus ridicule. Toutefois, l'auteur du *Sorberiana* a accommodé à sa façon, pour en tirer raillerie, les passages qu'il semble emprunter textuellement aux Plaisirs des Dames. Comme nous l'avons dit, le thème est moral, mais les développements sont trop souvent risqués. Le livre est rare et très recherché, surtout à cause de sa jolie impression.

— *Le Sage résolu ou version des Dialogues moraux de Pétrarque.* (Traduits par F. D. G.) — Paris, Cardin Besongne, 1641.

Nous n'avons pas vu cette première édition, mais nous la mentionnons d'après le privilège inséré dans la seconde et qui est daté à Paris le 28e jour de mai 1641. On lit à la suite : achevé d'imprimer pour la première fois le 5 octobre 1641. Nous transcrivons le titre tel qu'il est inscrit dans le privilège. Il est probable que sur l'ouvrage imprimé il est le même que celui de la seconde édition. Cet ouvrage manque à la Bibliothèque nationale.

Le Sage résolu contre la Fortune. Dédié à Monseigneur le Chancelier. Seconde édition. — A Paris, chez Cardin Besongne, au Palais, à l'entrée de la petite Gallerie des Prisonniers, aux Roses vermeilles. M. DC. XLVI. Avec privilège du Roy.

In-4°. Quatre parties en deux tomes. Tome Ier, 4 ff. prélim. non chiffrés, dont un pour le frontispice gravé représentant le buste lauré de Pétrarque sur un socle, portant au dessous du titre cette inscription : *Petrarchæ posuit virtus.* Près du socle une femme debout, sans doute la Vertu. Au bas du frontispice on lit : avec privilège, 1644. Date différente de celle du titre proprement dit qui

_____

(1) Et non en cinq parties, comme le dit le *Sorberiana.*

suit au second feuillet. Les deux autres sont remplis par l'épître dédicatoire signée C. D. G. A la suite : Discours du Pétrarque sur ses Entretiens moraux, dédiez à son amy Don Azone Corregio, Prince de Parme, 16 pages, chiffrée; Préface contenant le dessein de l'autheur et la vie de Pétrarque, 50 pp. chiffrées 1-50; Privilège et tables du 1ᵉʳ et du 2ᵉ livre, 3 ff. non chiffrés et 203 pp. Fin du 1ᵉʳ livre. Plus 207 pages chiffrées séparément pour la 2ᵉ partie. — *Le Sage résolu contre l'adversité. Livre second des Entretiens moraux de Pétrarque.* Paris, chez Cardin Besongne [etc.]. M. DC. XLIV. En deux parties, munies séparément d'une table ; la première partie de 248 pp., et la 2ᵉ de 157 pp. — Soit deux tomes, divisés chacun en deux parties, d'après l'exemplaire de la Bibliothèque nationale.

On remarque que le frontispice et le second livre présentent une antériorité de date, 1644 au lieu de 1646. Il y a là une anomalie que je ne me charge pas d'expliquer, et le sujet n'est pas assez important pour mériter d'être creusé à fond. Je possède un exemplaire de cette édition, qui n'est pas identique à celui de la Bibliothèque de la rue Richelieu. Il est complet en un volume contenant : * Frontispice, 1644. Titre..... seconde édition, 1646. Pièces préliminaires, tables du 1ᵉʳ et du 2ᵉ livre, et 208 pp. Fin du 1ᵉʳ livre. Nouveau titre. Livre second, 1644. Avant-propos du Pétrarque pp. 3-24 et 207, pp. 1-207. Au bas de la dernière : Fin. 30 entretiens pour le 1ᵉʳ livre, 30 entretiens pour le 2ᵉ.

D'après une note de M. Rupin, le catalogue Catelan, de Nîmes, de mars 1880, a annoncé une édition du *Sage résolu ou Entretiens de Pétrarque intitulés des Remèdes... etc.* Paris, 1645, in-4°.

* Le Sage résolv contre la Fortvne. A Paris, chez Cardin Besongne, au Palais, avec privilège. 1650.

In-12. Mon exemplaire est ainsi composé : Frontispice (réduction de celui de la 2ᵉ édition) avec le titre que nous venons de transcrire. Le feuillet du titre proprement dit, qui suivait sans doute le frontispice, manque. Préface contenant le dessein... [etc.]. pp. 1-62 ; privilège daté de 1645, tables du 1ᵉʳ et du 2ᵉ livre, pp. 63-68. Achevé d'imprimer pour la 1ʳᵉ fois, depuis le présent privilège, le dernier mars 1850. — Le Sage résolu contre la prospérité, livre I, Discours de Pétrarque et 30 entretiens, 259 pp. Fin du 1ᵉʳ livre. Avant-propos de Pétrarque sur le 2ᵉ livre, 27 pp., 1-27 ; 30 entretiens, 243 pp., 1-243. Fin. Ouvrage complet. C'est la 3ᵉ édition.

Le Sage résolv contre la Fortvne...(Quatrième édition)? Rouen, Cardin Besongne, 1655.

In-12. Note de M. Rupin, d'après un catalogue de libraire.

On lit dans les Remarques sur le Dictionnaire de Bayle, éd. de 1734, t. III, p. 877 : Grenaille « publia en 1660 le 2ᵉ tome de son *Sage résolu* dont parle Bayle ». Il y aurait donc eu une édition de 1660, qui serait la quatrième, et celle dans laquelle l'auteur parle pour la première fois des poursuites dirigées contre lui pour crime d'État.

* Le Sage résolv contre la Fortvne ov le Pétrarqve mis en françois, par M. de Grenaille, Escuyer, sieur de Châ-

teaunières. Cinquième édition. Reueue et corrigée par l'autheur. — Imprimé à Roven, aux dépens de Cardin Besongne, marchand-libraire à Paris... [etc.] M. DC. LXII.

In-12, deux tomes. L'ouvrage est considérablement augmenté sur l'édition de 1650. Tome I : Frontispice, ti' e, préface et dessein de l'autheur, tables du 1er et du 2e livre, privilège du 8 juin 1655 et à la suite : achevé d'imprimer en deux petits volumes le dernier juin 1655, à Rouen, par Laurens Maurry, 60 pp., 1-60. Le Sage résolv contre la prospérité. Livre I : Discours de Pétrarque et 37 entretiens, 258 pp., 1-258 ; avant-propos de Pétrarque sur le second livre et 40 entretiens, pp. 259-527. Fin de la 1re partie. — Tome II : Le Sage résolv contre la Fortvne et contre la Mort, ou le Pétrarque... [etc.] Seconde et dernière partie. Imprimé... [etc., comme ci-dessus]. Frontispice différent de celui du 1er volume, titre, avertissement (dans lequel l'auteur reproduit le passage relatif aux poursuites dont il avait été l'objet), tables des entretiens du 1er livre de cette 2e partie, du 2e livre..., du 3e livre..., privilège du 3 septembre 1662, en tout 6 ff. non chiffrés. 1er livre, 49 entretiens, 2e livre, 42 entretiens, 3e livre, 14 entretiens, 625 pp. Fin des entretiens. Plus 9 ff. non chiffrés pour les tables et observations. Après le privilège : achevé d'imprimer à Rouen, par Laurens Maurry, en deux petits volumes, pour la première fois depuis les présentes lettres, le dernier novembre 1662. Le 1er volume doit être d'une édition antérieure avec titre rafraîchi.

* *Le Sage résolv...* [etc., comme ci-dessus]. Sixième édition, reueue et corrigée par l'autheur. — A Paris, chez Cardin Besongne, au Palais, en la Gallerie des Prisonniers, aux Roses vermeilles, et Augustin Besongne, dans la grande Sale, devant la montée de la cour des Aydes. M. DC. LXVII.

In-12, deux tomes. C'est la réimpression de la précédente. Nouveau privilège, pour commencer le 3 septembre 1667. Achevé d'imprimer le 21 avril 1667.

* *Le Sage résolv contre la Fortvne ov le Pétrarqve.....* [etc., comme ci-dessus]. Dernière édition. Reueue et corrigée par l'autheur. — A Lyon, chez Iean-Baptiste De Ville, rue Mercière, à la Science. M. DC. LXXIII. Avec permission.

In-12, deux tomes. Même contenu que la précédente. Permission d'imprimer, donnée à Lyon, sur les conclusions conformes du Procureur du Roi, le 10 décembre 1672, attendu que le privilège accordé à Cardin Besongne est expiré.

— *Entretiens de Pétrarque sur la bonne et mauvaise fortune ou l'art de vivre heureux.* — A Paris, chez Augustin Besongne, dans la grande salle du Palais, devant la cour des Aydes, à la Vérité. M. DC. LXXIII.

In-12, deux tomes. Tome I, 8 pp. non chiffrées et 491 pp. Tome II, 8 pp. non chiffrées et 626 pp.

Entretiens familiers de Pétrarque sur la bonne et la mauvaise fortune où l'art de vivre heureux. Traduction nouvelle. — A Paris, chez Pierre Trabouillet, au Palais, dans la gallerie des Prisonniers, à la Fortune. M. DC. LXXIII.

In-12, deux tomes. Tome I, 8 pp. non chiffrées et 491 pp. Tome II, 8 pp. non chiffrées et 626 pp. (Bibl. nat.). C'est la même édition que celle qui porte le nom de Besongne. Plusieurs libraires s'étaient partagé le tirage.

 * *Entretiens du sage Pétrarque sur les plus beaux sujets de la morale, où il est enseigné l'art de vivre heureux.* — Paris, Augustin Besongne. M. DC. LXXVIII.

In-12, deux tomes. Il y a des exemplaires : * A Paris, chez Jacques Le Gras, à l'entrée de la Grand'Salle du Palais, 1678 ; et d'autres : * A Paris, chez Pierre Trabouillet, dans la Grand'Salle du Palais, au Pilier des Consultations, au Sacrifice d'Abel, 1678. Même tirage. Le privilège mentionne l'ouvrage sous le titre : Le Sage résolu contre la Fortune. C'est une édition abrégée. — Barbier (Dict. des anonymes) cite cette édition sous le nom de Besongne et ajoute : Réimprimée plusieurs fois, ce qui laisserait croire qu'il y a eu des réimpressions postérieures.

 — * *Le Bon Esprit. Dédié à Monseigneur l'Eminentissime cardinal Duc de Richelieu.* Par François de Grenaille, Escuyer, sieur de Chatovnières. — A Paris, chez André Soubron, au Palais, à l'Image Nostre-Dame, à l'entrée de la Gallerie des Prisonniers. M. DC. XLI. Avec privilège du Roy et approbation des Docteurs.

In-4°, 30 ff. préliminaires pour le titre, l'épître dédicatoire à Richelieu, le privilège, l'approbation, la préface, la table, plus 243 et 163 pages. Privilège du 9 avril 1641, approbation du 19 avril. Achevé d'imprimer le 3 mai 1641.

 — * *La Mode ou Charactère de la religion. De la vie. De la conversation. De la solitude. Des complimens. Des habits et du style du temps.* Par M. de Grenaille, Escuyer, sieur de Chatounières. — A Paris, chez Nicolas Gassé, rue Sainct-Iacques, à la Teste Noire, près la Poste. M. DC. XLII. Avec privilège et approbation des Docteurs.

In-4°, 8 ff. préliminaires pour le titre, l'épître dédicatoire, l'avertissement, la table, le privilège, l'approbation, plus 388 pp. Dédicace à Mgr de Fremin, conseiller du Roy, Intendant de la Justice, Police et Finances en Engoumois, haut et bas pays du Lymosin, etc. Privilège du 11 avril 1642, approbation du 1er mai. Achevé d'imprimer pour la première fois le dernier jour de mai 1642.

 — * *Les Amours historiques des Princes. Contenant*

*six narrations véritables souz ces titres : L'amour jaloux.
L'amour furieux. L'amour efféminé. L'amour désespéré.
L'amour ambitieux. L'amour infidèle.* Par M. de Grenaille,
sieur de Chatovnières. — A Paris, chez Nicolas et Iean de
la Coste, au Mont Saint Hilaire, à l'Escu de Bretagne et
en leur Boutique au Palais, à la petite porte, devant les
Augustins. M. DC. XLII. Avec privilège du Roy.

In-8°, 8 ff. préliminaires pour le frontispice gravé, le titre, la
dédicace à M. de Montauron, l'avertissement et la table, plus 892
pages. A la fin, privilège du 1er décembre 1641. Achevé d'imprimer
le 17 février 1642. Dans le privilège, le titre de l'ouvrage est :
« Les Amours historiques des Princes ou Narrations diverses ti-
rées des auteurs anciens ». Chaque narration ou histoire est relative
à un personnage : « L'amour jaloux ou Dom Iean, prince de Portugal.... L'amour infidèle ou Chilpéric, mary de Frédégonde ».

— *Le soldat Suédois, racontant l'histoire de tout ce qui
s'est passé en Allemagne, depuis la mort du Roy de Suède
jusques à présent. Avec un éloge ou discours militaire
sur la vie et la mort du duc de Weymar.* Par le sieur de
Grenaille. — Paris, Olivier de Varennes, 1642.

In-8°. Suite du soldat Suédois de F. Spanheim. Je prends ce
titre dans la Bibliothèque historique de P. Lelong, t. II, n° 22.056.
Barbier (*Dict. des anonymes*) mentionne l'ouvrage comme suit :
« *Le soldat Suédois ou Histoire véritable de ce qui s'est passé
depuis la venue du roi de Suède en Allemagne jusqu'à sa mort*
(par Frédéric Spanheim). — Genève, Pierre Albert, 1633, in-8°. —
S. l., 1634, in-8°. — Rouen, Berthelin, 1634, in-8°. — Paris, Olivier
de Varennes, 1642, in-8°. — Paris, J. Cailloué, 1642, in-8°. — Un
second volume a été publié en 1642 par Fr. de Grenaille ».

— *Nouveau Recveil de Lettres de Dames tant anciennes
que modernes.* — A Paris, chez Toussainct Quinet, au
Palais. M. DC. XLII.

In-8°, deux tomes. Tome I, après le titre et l'épître, dédicatoire
à Madame Fabry, dame de Pompadour, Treignac, Bret, S. Cirq,
etc., non chiffrés, 439 pp. plus la table. Tome II, 436 pp. (Barbier,
Dict. des anonymes et Bibl. nat. Z, 960.

— *L'Honneste garçon ou art de bien élever la noblesse
à la vertu, aux sciences et à tous les exercices convena-
bles à sa condition. Dédié à Monseigneur le Dauphin.*
Par M. de Grenaille sieur de Chatovnières. — Paris,
Toussainct Quinet, au Palais, 1642.

In-4°, frontispice, titre, épître signée, avertissement et privilège
non chiffrés. Premier livre, 236 pp. ; second livre, 293 pp., plus les
tables. (Bibl. nat. R, 1305 D).

— *Le Mercvre Portvgais ou Relations politiqves de la
fameuse réuolution d'Estat arriuée en Portugal depuis*

la mort de D. Sébastien iusques au couronnement de D. Iean IV à présent régnant. Auec le récit particulier de ce qui s'est passé en ce pays-là tant pour la paix que pour la guerre. — A Paris, chez Ant. de Sommaville, au Palais. en la salle des Merciers, à l'Escu de France, et Avgustin Courbé, en la mesme salle, à la Palme. M. DC. XLIII.

Pet. in-8°. Titre, épître à Monseigneur l'Excellentissime Dom Vasco Lvis de Gama, signée Chastovnière de Grenaille, table des narrations, avertissement non chiffrés, puis 483 pp. (Bibl. nat. O R, 66). Le privilège est accordé à François de Grenaille écuyer. Achevé d'imprimer le 4° jour d'avril 1643. Brunet, Quérard, Barbier, etc., ne mentionnent pas cet important ouvrage, qui trouva grâce devant la critique.

— *Le Mausolée Cardinal, ou Eloge funèbre de feu Monseigneur le Cardinal Duc de Richelieu, contenant sa naissance, sa vie et sa sépulture.* — Paris, Jean Paslé, M. DC. XLIII.

In-4°, 2 ff liminaires et 23 pp., plus 2 ff. lim. et 3 pp. La dédicace à Son Altesse de Monaco est signée Chatounières de Grenaille. (Bulletin mensuel de la Bibl. nat., annexe de 1886. Réserve, p. Z, 289 ; et Barbier, *Dict. des anonymes*). — La *Bibliographie biographique* d'Œttinger mentionne cet ouvrage avec la rubrique, Lyon, 1643, in-4° ; mais les renseignements fournis par ce recueil sont peu sûrs. Il appelle notre auteur : Chantonnière de la Cremeuil (Michel).

— *L'auguste convoi ou le récit véritable des dispositions du feu Roy pour sa sépulture et des cérémonies faites à Saint Denys en France pour sa pompe funèbre avec une inscription pour mettre sur son tombeau.* — Paris, par F. Beauplet, 1643.

In-4°, 8 pp. (Par Chatounières de Grenaille. Barbier, *Dict. des anonymes*). L'ouvrage figure, dit Moréri, dans le catalogue de Trichet du Fresne.

— * *Le Théâtre de l'Vnivers ov l'abrégé dv Monde. Contenant les Descriptions particulières de tous les Estats, Empires, Monarchies, Républiques et Principautés du Monde. Auec les propriétés de chaque pays et la succession et les forces des souuerains, leur Gouuernement ancien et moderne. La religion, les mœurs et les richesses de leurs subjets, les limites de leurs terres, la situation des villes, le cours des fleuves, les ports de mer et autres particularités nécessaires à la connoissance de l'Histoire et de la Cosmographie. Le tout suiuant les obseruations des meilleurs autheurs tant des autres siècles que de nostre temps. Auec les Figvres des souuerains, tirez au naturel.* — A Paris, chez Anthoine Robinot, marchand-libraire, en sa Boutique sur le Pont-Neuf, devant la Samaritaine. M. DC. XLIII. Avec privilège du Roy.

Pet. in-8°, 6 ff. prélim., 822 pp. et 4 ff. pour les tables. — Le privilège est du 24 juillet 1643. — Achevé d'imprimer pour la première fois le 18 août 1643. — Double dédicace : au Roy et à la Reyne régente, signée Chateaunières de Grenaille. — Dans cette première édition, la description de la France tient de la page 197 à la fin. — Il y a eu peut-être un 2° volume. — On lit dans le *Bulletin du Bouquiniste* du 1er décembre 1869 : « En 1644, Grenaille publia, chez Antoine Robinot, au Palais, en deux vol. in-8°, le Théâtre de l'Univers ou l'abrégé du monde, avec les figures des souverains. Le 1er tome est dédié au jeune Roi et encore à la Reine régente. Le 2° vol. est dédié au maréchal de Bassompierre. Il se termine par une table assez étendue. Une nouvelle publication de ce livre... a été faite en 1646... ». Donc, il y aurait eu une 2° édition en 1644. Je n'en ai pas trouvé d'autre mention.

— * *Le Théâtre de l'Vnivers ov l'abrégé dv Monde.....* [etc., comme ci-dessus] *avec les Figures des souuerains.* Paris, chez Anthoine Robinot, devant le Louvre. M. DC. XLVI. Avec privilège du Roy.

In-8°, deux tomes en trois volumes. Tome I, frontispice, titre, dédicaces, etc., 8 ff. non chiffrés et 478 pp. Fin. — Suite du 1er tome... [etc.], 1646. De la page 479 à 1263. Fin. Plus le privilège du 24 juillet 1643 et la table. — Tome II.... Dédié à Monseigneur le maréchal de Bassompierre...., 1646. Titre, dédicace, table, 8 ff. non chiffrés et 856 pp.

— * *Les Caprices héroïques du Lorédano. Dédiés à Son Altesse Royale.* A Paris, chez Anthoine Robinot,. en sa boutique sur le Pont-Neuf. M. DC. XLIV.

In-8°. Deux parties : 1° 5 ff. limin. et 276 pp. (en réalité 296, le numérotage étant défectueux) ; 2° 198 pp. plus 4 ff. d'avertissement ou table. La dédicace est signée Chateaunières de Grenaille. Le privilège est du 15 janvier 1644. Traduction libre de Giovan. Francisco Loredano, littérateur italien, fondateur de l'*Accademia degli Incogniti*, 1606-1661. — Table des caprices : Achille furieux. Agripine calomniée. Caracalla passionné. Cicéron mécontent. Ennone jalouse. Lucrèce forcée. Marc-Antoine éloquent. Popea suppliaute. Séjanus disgrâcié. Sénèque prudent. Sysigambis consolante. — 2° partie : Alexandre repentant. Annibal invincible. Cirus magnauime. Cintius repris. Hélène affligée. Germanicus trahy. Friné dissoluc.

— * *Le Politique très chrestien ou Discours politiques sur les actions principales de la vie de feu Monseigneur l'Eminentissime cardinal duc de Richelieu.* A Paris, M. DC. XLV. (A la Sphère).

In-12, 14 ff. limin., y compris le frontispice gravé avec portrait de Richelieu, et 308 pp. — Traduction, d'après Barbier, de « *El politico christianissimo o discursos politicos sobre algunas acciones de la vida del emminentissimo senor cardinal duque*

de Richelieu, per el capitan M. Fernandez, de Villareal ; Pampe-
lune, 1641. M. Ferdinand Denis (Biographie Didot, art. Fernandez)
dit que ce livre fut traduit en italien et en français par Châtounière
de Grenaille. Paris, 1643, in-4°. Grenaille déclare dans sa préface
que son ouvrage n'est pas une simple traduction de l'auteur portugais, et qu'il a laissé l'explication des pensées d'autrui pour
employer les siennes. La généalogie du cardinal est, notamment,
le fruit de ses propres recherches. Le livre est dédié au cardinal
Mazarin. — La version italienne a échappé à mes recherches.

Barbier (*Dict. des anonymes*) cite, sous un titre identique, une
édition de Paris, Toussaint Quinet, 1645, in-4°, que je crois être la
première, mais qui ne serait qu'une réimpression si le renseigne-
ment fourni par M. F. Denis est exact. — L'édition in-12 de 1645,
d'une charmante impression, paraît avoir été fabriquée en Hollande
par ou pour les Elzévirs. Elle est notée dans le catalogue de la
vente Béhague comme Elzévier de Leyde. — J'ai noté, dans un
catalogue de librairie : Le Politique très chrestien, sans lieu ni
date (Paris, 1645), pet. in-12, titre gravé. Mais je crois que c'est
l'édition Elzévirienne à laquelle manquait le second titre.

* *Le Politique très chrestien.....* Paris, M. DC. XLVII (à la
Sphère).

In-12, 14 ff. limin. et 308 pp. comme le précédent. Est aussi noté
comme Elzévier de Hollande dans le Catalogue de la vente Salmon.
Toutefois cette édition est moins belle. L'imprimeur a voulu évidemment imiter l'impression de 1645, page par page, ligne par
ligne. Il ne s'en est écarté que pour deux ou trois feuillets. Mais
le frontispice avec portrait, les vignettes, les lettres ornées, sem-
blables pour un examen superficiel, sont d'un dessin moins soigné
et présentent à la loupe des différences sensibles. Le caractère est
un peu plus fort. Je crois que l'édition de 1647 est une contrefaçon
de celle de 1645.

— *Le Mausolée de la politique et de la justice à la mémoire des deux frères illustres, M. le comte d'Avaux et
M. le Président de Mesmes.* Paris, Jean Paslé, 1651.

In-4°, 28 pages. La pièce se termine par une épigramme latine
de Châteaunières (Grenaille). Pièce intéressante et qui n'est pas
commune, dit M. Moreau dans sa *Bibliographie des Mazarinades*,
t. II, p. 256. J'ai déjà énoncé que je crois cet opuscule, en entier,
de la façon de Grenaille. Les quelques extraits qu'en donne M.
Moreau laissent percer la manière d'écrire de notre auteur. J'ajoute
qu'il avait déjà usé de ce titre peu commun de *Mausolée*, et que
le Mausolée de Richelieu et celui des frères de Mesmes ont eu le
même imprimeur, Jean Paslé.

— *Vernünfftiges Bedencken von dem hohen Geist und
verstand des Menschen. Nebenst denen andern Krafften
und Vermogen der Seelen und des menschlichen Ge-
muths.* Durch Mr François de Grenaille, sieur de Chatounières. Izo aber In unsere hochdeutsche Mutter-Sprache

ubersetzet. Frankfurt. In Verlegung J. David Zunners, M. DC. LXXIV.

In-16. Ces lignes signifient: « Idée raisonnable de la haute intelligence et de l'esprit de l'homme, ainsi que des autres forces et qualités de l'âme et du cœur humain. Par François de Grenaille sieur de Chatounières. Traduit dans notre haute langue allemande. Francfort, de l'imprimerie de David Zunners, 1674 ».

D'après un exemplaire conservé dans la riche bibliothèque limousine de M. René Fage. — J'ignore la date de la publication de l'ouvrage en français et regrette de devoir me borner à citer ce traité philosophique, sans être à même de fournir une appréciation sur son mérite. — Comme à partir de 1643 Grenaille a changé Chatounières en Chateaunières, je présume que la publication originale n'est pas postérieure à cette date.

— *Noël Paschal ou Hymne sacro-burlesque, pour l'heureux avènement de Monseigneur de Tulle en son évesché*, par le sieur de Châteaunières. Ms. autographe des Armoires de Baluze.

Nous publions cette pièce burlesque, non à cause de son mérite littéraire qui ne dépasse pas celui des Gazettes de Loret, mais pour les renseignements curieux qu'elle contient sur son auteur, sur l'évêque Louis de Guron, prêtre diplomate et quasi-soldat, sur sa ville épiscopale, son diocèse et la province. Ce n'est pas une poésie, c'est un document ou, si l'on veut, un coq-à-l'âne de nouvelles à la main du temps, où le fatras abonde, mais dont quelques passages assez bien tournés et assez piquants appelleront le sourire sur les lèvres.

NOËL PASCHAL

ou

HYMNE SACRO-BURLESQUE

POUR L'HEUREUX AVÈNEMENT DE

MONSEIGNEUR DE TULLE EN SON ÉVESCHÉ

Par le sieur de CHATEAUNIÈRES

1654

HEUREUX AVÈNEMENT

de Monseigneur de Guron en son Evesché

DE TULLE [1]

1654

Envoyé d'Uzerche le 29 juin 1654

Monseigneur, un novice hermite
Qui faict icy la chatemite,
Tant que du monde renversé
La scène comique ayt passé,
Vient vous rendre son humble hommage
Comm'au prélat plus doux, plus sage,
Plus scavant et plus estimé,
Plus généreux et plus aymé,

---

(1) Louis de Rechignevoisin de Guron, né en 1617, nommé évêque de Tulle en 1652, sacré le 1er novembre 1653, prit possession par procureur le 17 mars 1654 et fit son entrée dans sa ville épiscopale le 29 du même mois. Il fut transféré à Comminges le 5 janvier 1671 et mourut en 1693. — On peut consulter sur ce prélat deux très intéressantes publications parues dans le *Bulletin de la Société des Lettres, Sciences et Arts*, de Tulle : *Quelques pages inédites de Louis de Rechignevoisin de Guron, évêque de Tulle*, par M. Tamizey de Larroque (t. VII, an. 1885, pp. 285-318) ; *Rôle politique de Louis de Rechignevoisin de Guron, évêque de Tulle*, par le comte Jules de Cosnac (t. VIII, an. 1886, pp. 4-82). L'entrée de Mgr de Guron à Tulle eut une grande solennité et donna lieu à de nombreuses réjouissances. Les élèves du Collège lui récitèrent des vers en son honneur, jouèrent une pièce avec chant et ballets, qui fut imprimée et que j'ai reproduite dans mon *Histoire du Collège de Tulle*.

Plus semblable aux saincts Paul et Pierre
Et plus détaché de la terre
Que la fortune de nos jours
Ayt faict avancer dans nos cours ;
Comm'elle, malgré sa folie,
Quelquefois se réconcilie
Avec Madame la Vertu
Et quitte son chemin battu,
Où l'on voit souvent qu'aux indignes
Elle faict des dons bien insignes
Et confère aux plus vicieux
Ses tiltres les plus prétieulx.

Je scais bien que vostre naissance
Demandoit d'abord l'Eminence *   * Le chapeau de cardinal. (1)
Et j'oze jurer par la Mort
Que le Conseil vous a faict tort,
(Soit-il Conseil de Conscience
Ou de politique science),
Voire a commis un gros péché
Vous donnant petit évesché,
Quoique noble, en cité de Tulle ;
Vous qui devriez malgré la bulle
Et de Rome les neufves loys
Estre installé PAPE FRANÇOIS.
La raison qui faict que je die
Une vérité si hardie
C'est qu'on scait jusques aux Hurons *   * Peuples du Canada.
Ce qu'on faict les Héros Gurons
Pour la gloire de nostre France,
Et i'ay veu peincte leur vaillance,
De leur sang, dans ce grand Cazal (2)   * Le dernier gouverneur qui le rendit aux Autrichiens.
Que Sainct Ange * garda bien mal,

---

(1) Les notes en marge sont du sieur de Châteaunières.
(2) Jean de Rechignevoisin de Guron, père de l'évêque, défendit glorieusement, en 1625, la ville de Casal (en Italie) contre les Espagnols.

Mais que de Guron le courage
Maintint jusqu'à donner la rage
Aux Espagnols, aux Allemands,
Lesquels dans leurs retranchemens,
En voyant sa brave posture,
Gravèrent tous leur sépulture.
La pourpre qu'on fit de leur sang
Demandoit qu'en suivant son rang
Vous portassiez mitre escarlate
Dont maint indigne ailleurs se flatte ;
Mais vostre cœur de si bon lieu
Ne la veut tenir que de Dieu,
Et croiroit, au siècle où nous sommes,
Pécher d'avoir rien par les hommes :
Veu mesme que vous méritês
Tout par vos propres qualités,
Que je veux (votre modestie
M'en deut elle prendre à partie),
Aux gens ne dissimuler point,
Abrégeant le ciel dans un poinct.

Je choquerois la bienséance
Vous parlant de cette présence
Qui vous rend adorable à tous,
Et nous faisoit mettre à genoux
Avant que vous eussiez le tiltre
De nous bénir par votre mitre.
Je laisse en paix ce beau maintien,
Ce noble et civil entretien
Qui rend tous chrestiens idolâtres,
Ce qui cause que cent théâtres
S'eslèvent en toutes cités
Pour vous mirer de tous costés :
Mais comme vostre intelligence
Est le grand miracle de France
Et vous faict, comm'aux Anges Grands,
Guider des peuples différens,

Pour elle je veux à la ronde
Estre icy l'escho du grand monde
Et dire ce qu'ont dit les cris
Et de l'Europe et de Paris.

Vostre science et haute et bonne
A catéchizé la Sorbonne (1)
Où tous les jours chaque Docteur
Vous choisissoit pour son tuteur,
Croyant ne pouvoir sans grand crime
Choquer vostre moindre maxime ;
Enfin vous estiez en cet art
Plus qu'un maistre Pierre Lombard, *   · Le maistre des Sen-
Et second Docteur Angélique   tances.
Pour la plus fine scholastique ;
Toutes voix sur vostre crédit
S'accordant sur un IL L'A DIT ;
Soit qu'elles fussent Jansénistes
Et par conséquent Luynistes, *   * M. de Luynes, Duc
Soit qu'elles fussent d'autre advis,   et Pair, un des chefs
Tous vos advis estoient suivis :   temporels de cette
Le ciel par un nouveau miracle   prétendue secte.
Ranimant en vous un oracle ;
Si, jadis, pour en trionfer,
Il rendit muets ceux d'Enfer.

Mais c'estoit peu (ne vous desplaise)
De prosner dedans une chaise
N'ayant que privés auditeurs
Et pour disciples les Docteurs ;
Le Roy commande qu'on vous ouvre
Toutes les portes de son Louvre

---

(1) Dans son auto-biographie, transmise à Et. Baluze en 1680 et
publiée par M. Tamizey de Larroque, Louis de Guron dit qu'il prit
« le bonnet » en Sorbonne en 1645.

Et la cour ne veut plus pécher
Vous ayant entendu prescher : (1)
Les impies mesmes en font Gille (2)
Craignant d'un puissant Dieu la bile
Qui va pétillant dans vos yeux,
Et tous vos mots, foudres des cieux,
Font qu'ils s'en vont tous à confesse
Affin qu'entendant vostre messe
Ils communient par vos mains,
Visible sauveur des humains.
Aussy vos mœurs incomparables
Estoient l'espouvantail des Diables
Et vous instruisiez plus nos cœurs
Par exemples que par discours.
Alors la crosse abbatiale,
Arrhe de la pontificale,
Vous fut donnée avec raison, (3)
Le Roy se croyant en prison
De n'avoir congé de vous faire
(Car mineur il ne pouvoit guère)
D'abord grandissime prélat,
Affin d'ennoblir par l'Esclat
D'une Illustrissime personne
L'Église ainsi que la Couronne.
Après, comme d'autres prélats
Qui de bien faire sont tost las

---

(1) Les succès de l'abbé de Guron, comme prédicateur, sont signalés ici pour la première fois. Si les renseignements de Grenaille sont exacts, il en résulterait que le futur évêque de Tulle avait été élevé de bonne heure aux ordres sacrés, contrairement à l'opinion de M. de Cosnac, qui pense qu'il les reçut peu de temps avant sa consécration épiscopale (op. cit. p. 10).

(2) Faire Gille : s'enfuir sans dire mot.

(3) Grenaille commet ici un anachronisme. Louis de Guron obtint en 1634 l'abbaye de N.-D. de Moreaux, au diocèse de Poitiers. Il n'avait que 17 ans. Ce bénéfice lui fut donc conféré par faveur et non en récompense de ses services cléricaux.

Et saisis d'un gros bénéfice
Quittent là le divin service,
Bref ayant par bonheur trouvé
Ce pourquoy leur teste a rêvé,
S'amusent à faire bombance
Et parfois pis, sauf révérence ;
Vous ainsi qu'eux n'en usant pas,
N'arrestates point là vos pas,
Voulant parcourir toute entière,
Au galop, la saincte carrière.

Vous donc, fort zélé Monseigneur,
Pristes ces prémices d'honeur
Pour des aiguillons de mieux faire,
Et l'on vous vit pour l'ordinaire
Tonner, comme Sainct Paul preschant,
Tant à Sainct Nicolas du Champ
Qu'à Sainct Sulpice et Saint Eustache
(Qui par son curé fut peu lasche), *
A Sainct Estienne des Romains
(Car des Grecs il en est une autre) ; *
Vous estiez encore l'Apostre
Des Hospitaux, la Charité *
Pour tel vous ayant tant chanté,
Comme du Bellay (1) voulait l'estre,
Des vrays maistres prélats le maistre,
Aussi tout l'ordre capucin
Veut le canoniser enfin,
Car son âme sans raillerie
Ne choque plus la moinerie
Ny tant d'autres clercs réguliers
Dont on n'a que trop par milliers ;
Comme disent dans leurs angoisses
Ces pauvres veufves nos parroisses.

* Cette parroisse fit un tumulte contre un parent de Monsieur le Chancelier.

* St-Estienne des Grecs

* Hospital fondé par la feue reine mère.

---

(1) Il y a eu de ce nom plusieurs illustres prélats. Je pense qu'il s'agit ici d'Eustache du Bellay, évêque de Paris, mort en 1505, plutôt que du cardinal.

Je laisse à part tant de convents
Blancs, noirs, gris, tant petits et grands,
Où vous rendiez bien plus pieuses
De Béates Religieuses ;
Enfin tout Paris vous suivit
Car vostre vertu le ravit
Aussi bien que vostre Eloquence,
Et tous les malades de France
Comme tous les corps en santé
Ont déjà cent fois attesté
Qu'on a canonisé des hommes
Qui dedans le siècle où nous sommes
Vous tiendroient eux mesmes pour sainct,
Qui de gloire encore n'est pas ceinct,
J'entends de la gloire éternelle,
Car il a de la corporelle
Tout ce qu'on peut jamais avoir
Noblesse, mérite et savoir ;
Elle ne gist pas dans les titres
Des grandes tant crosses que mitres,
Mais plustost dans le haut renom
Qui canonise vostre nom
Et vous faict connoistre en Europe
Autant qu'à Xaintes Sainct Eutrope. *

* L'église cathédrale y porte le nom de ce grand sainct.

Enfin nostre grand Potentat
Jugea par maxime d'Estat
Qu'estant (Monseigneur) tant utile
A la Cour, à sa bonne ville *

* A Paris.

(Qui faict la meschante parfois
Et puis elle en a sur les doigts),
Vous estiez encore nécessaire
Pour traitter mainte haute affaire,
Et prélat fort homme de bien
Servir un Prince très Chrestien,
Car vostre fine intelligence
Est des meilleurs cerveaux de France

Et la chaise et le cabinet
Louent également son bonnet.
N'avés vous pas dans les armées
Par tant d'abus si diffamées
Ramené la crainte de Dieu
Qui ne vivoit plus en ce lieu,
Et fait mentir ce vieux poëte
Qui, dans son Musart Cacoèthe, (1)
Disoit qu'à la suitte de Mars
Voir des religieux soudars
C'est voir un cygne à noir pennage,
A la cour un modeste page,
Un Suisse riche en compliment,
Fuyant le vin un Allemand,
Un Janséniste Jésuiste,
Un Jésuiste Janséniste ;
Cette antipérifrase là
A toute autre met le holà.
D'ailleurs toujours vostre bon ordre
Faisoit apporter de quoi mordre
Aux drilles qui mourant de faim
Croyoient voler le genre humain
Avec justice et bienséance,
Car la nécessité dispense
Des formalités du devoir
Malgré le souverain pouvoir.
C'estoit donc chose bien nouvelle
Que chacun eut son escarcelle
Et que tout petit argoulet
Eust du pain et son chapelet.
Une milice si chrestienne
N'eust pas encor réduit la Guyenne
Si vos conseils judicieux
N'eussent enfin agy bien mieux

---

(1) Je ne connais ni l'ouvrage ni l'auteur. Cacoèthe est tiré du grec et signifie mauvaise coutume. Musard Cacoèthe pourrait se traduire librement : flâneur invétéré.

Que des armes un peu trop nobles
Et qui ne battoient qu'en parolles.
Je cognois ceux qui commandoient
Et de bon œil me regardoient,
Quand ils estoient mal hors de France,
Fouettés par sa juste Eminence,
Bref qui me firent tant poster
Pour me faire décapiter,
Comme pour mon bonheur suprême
Il ne tint enfin qu'à moi mesme,
J'en demeure assez mal payé ;
Mais c'est aussi bien employé,
Car au lieu de voir les Provinces,
S'immolant à mescontens Princes,
Il vaut mieux rester en un lieu
Et n'estre martyr que de Dieu ;
Mais d'un politique mystère
Pour en bien parler faut se taire ;
Quelque jour Dieu nous jugera
Et son conte à chacun fera,
Quand devant son trosne l'Altesse
Ne sera plus rien que bassesse,
Puisque là mesme Majesté
N'aura plus là d'autorité,
Si la Sainteté n'accompaigne
Les Roys et de France et d'Espaigne.

Monseigneur, je reviens à vous,
Vous respectant sur Princes tous.
Donc, Louis et Son Eminence
Devoient bien quelque récompence
A tant de services rendus,
Autrement c'estoit un abus
De croire que la vertu mesme
Ne s'en stomachât à l'extrême.
Or, pour éviter le péché
D'ingratitude, un évesché

Fut proposé pour vostre teste
Sans que vous en fissiez requeste,
Comme font d'autres affairés
De vie et de nom mal famés,
Et qui parfois damnent leurs âmes
Brigant des mitres par des femmes ;
Je scay l'intrigue du passé
Qui ne sera pas effacé ;
Car j'en compose icy l'histoire
De vieille et de jeune mémoire.
Vostre unique solliciteur,
Mais agissant bien de hauteur,
Fut vostre mérite suprême,
Lequel vous couronna lui mesme ;
La patente on vous en donna
Ainsi que le Roy l'ordonna.
Mais on dit que dans sa cédulle
Il vouloit mettre Toul pour Tulle, (1)
Ou pour le moins qu'il le devoit,
Ainsi qu'à l'œil chacun le voit ;
Mais le Conseil de conscience
S'excuse avecques vraisemblance,
Disant qu'il commence à donner,
Loin de croire ainsi couronner
Par si peu vostre grand mérite.
Je le croy, pourveu qu'il s'acquitte
Et ne vous donne un évesché
Que pour gage d'archevesché.

Cependant Tulle est bien prisable,
Autant qu'il paroît agréable,
Chaque corps et chaque mestier
Vous révérant d'un culte entier ;

---

(1) L'évêché de Toul était un des plus riches de France et celui de Tulle un des plus pauvres.

Le monde encore là n'est pas buze
Et le doctissime Baluze (1)
Nous montre que des bons esprits
Tulle peut disputer le prix,
Aux meilleures villes de France,
Comme la haute intelligence
Du vieux Président de Fénis (2)
Est en politique un Phénix ;
Et puis la grandeur temporelle
Avecques la spirituelle
Se marie icy pour vos droits
Signe des Papes et des Roys.
D'ailleurs moy qui vis trois fois Rome,
Puis asseurer en galant homme
Qu'aiguille ne peut approcher
De celle de vostre clocher ;
Et ceux de Caen en Normandie,
Bref la Pyramide hardie,
*Qu'à Rouen d'Amboise * bastit,*   * Le card. d'Amboise.
Semblent n'avoir qu'un nez petit
Près de cette pointe sublime
Qui de tout l'air baise la cîme
Et va gazetter aux frimats
De nos nouvelles d'icy bas.
Il seroit pourtant nécessaire,   * MM . de Limoges
*Comme Lymoges voulut faire, **   vouloient, ce dit-on,
De porter cette masse ailleurs,   entraîner St Estienne
Car tenant des postes meilleurs   de la vieille cité dans
                                                     la ville avec des cor-
                                                     des de laine. (3)

(1) Baluze n'avait encore publié que son *Anti-Frizonius.* En 1654 il n'avait que 24 ans.

(2) Pierre de Fénis, lieutenant-général au sénéchal et président du présidial de Tulle, mourut presque centenaire en 1659, laissant une grande réputation de science et de vertu.

(3) C'est pour la première fois que je trouve mention de cette plaisanterie. Ce brocard doit se rapporter à quelque conte populaire dont je ne connais pas d'autre trace.

Et grimpant sur une montaigne
Elle verroit plus de campaigne,
D'autre part la campaigne aussy
La pourroit descouvrir d'icy ;
Mais pour passer d'autres spectacles,
Qui sont bien plus de sept miracles, *
Voit on pas ce pont l'Escurieu, *
Où le Diable servit tant Dieu,
Faisant cet arc qui porte à l'aise
Les gens de vostre diocèse,
Dont par commun consentement
Il fut payé bien plaisamment,
N'emportant qu'une brute teste,
Quoi qu'il cherchât humaine beste, (2)

* Du monde Limou-
sin. (1)
* Pont de l'Escurol en
une seule arche.

---

(1) Le Limousin, à l'instar d'autres pays, se vantait de posséder sept miracles ou merveilles. Je ne saurais les nommer.

(2) Aujourd'hui le pont Milet-Mureau. Encore une légende qui s'est perdue et dont l'existence est révélée par Grenaille. Il s'agit évidemment d'un marché fait avec le Diable pour la construction du pont. En récompense de son concours, il devait emporter aux enfers une âme humaine, mais il fut frustré par une pieuse ruse. — Le nom du pont donne à croire que ce fut un écureuil que le Malin, déçu, obtint pour tout salaire. — Cette légende existe en divers lieux, est très commune. Comme elle revêt dans chaque contrée une forme particulière, à raison des circonstances, des mœurs, du caractère local, il serait intéressant de retrouver la version tulloise. Avis à nos jeunes folk-loristes.

— Puisque nous rappelons des anecdotes locales, joignons ici celles qu'Anne Vialle a consignées sur ce même pont de l'Escurol (aujourd'hui pont Milet-Mureau), dans le manuscrit en grande partie inédit de son Dictionnaire patois. « Ce pont, dit-il, n'avait autrefois qu'une seule arcade et on l'appelait *Poun de l'Escurol*, vraisemblablement à cause de sa hardiesse. Les vieilles gens contaient que pour éprouver sa solidité on l'avait fait essayer par un écureuil qui lui avait donné son nom ». — Il y a là, évidemment, un ressouvenir adultéré de l'ancienne légende. Le Diable avait sans doute stipulé que le premier être qui traverserait le pont lui appartiendrait. — Anne Vialle, énumérant ensuite les nombreux ponts jetés sur la *Soulane*, affluent de la Corrèze, dans le parcours de la ville, cite : « ..... *lou poun de la Fleita, lou poun dei Pola-t, lou poun dei*

Tant les Tulistes sont adroits
Aux clauses qui dedans les droits
Escrites sont inévitables,
Puisqu'ils trompent mesmes les Diables; (1)
De la vient que tous les humains,
Craignent de passer par leurs mains,
Quoique pourtant la conscience
Reigle leur fine intelligence
Et qu'ils soient tant plus ingénus
Qu'ils sont vos brebis devenus.
Mais pourtant par cette aventure,
Faicte en despit de la nature,
Vous pouvez voir que les Lutins
Semblent soumis à vos destins,
De mesme que les plus grands anges
S'intéressent dans vos louanges,
Vostre conduitte secondans
Dans leurs grades plus transcendans.

Tsopitre, aujourd'hui pont Milet-Mureau. Et il ajoute : « La construction du pont du Chapître était due à un de nos évêques. On l'en récompensa par ce mauvais calembour :

« Notre évêque a fait un pont
Par dessus le Soulane
Et quand il y passera
Tout le monde s'écriera :
Sous l'âne ! Sous l'âne ! »

Ces vers ne valent pas mieux que ceux de Grenaille et Anne Vialle a eu une singulière distraction. Le *Poun dei Chapître*, qui n'existe plus, la Solane coulant sous un tunnel, était le dernier pont sur la Solane, avant sa jonction avec la Corrèze ; le pont de l'Escurol, aujourd'hui pont Milet-Mureau, est sur la Corrèze, grossie, par façon de parler, du maigre ruisseau de Solane.

(1) Les Tullistes avaient en effet, d'après des auteurs des XVIe et XVIIe siècles, la réputation plus ou moins méritée d'être retors dans l'art de la chicane et de savoir y triompher *per fas et nefas*. Au Parlement de Bordeaux, on appelait même proverbialement les témoins suspects, disons le mot, les faux témoins : *témoins de Tulle*.

J'espère allonger ma gazette
Quand je sauray la pompe faite
A vostre entrée en l'évesché,
Et tiendray mon style empesché
A représenter la figure
Des beautés d'art et de nature,
Qu'un peuple si dévotieux
Mais fort peu superstitieux,
Aura monstré pour vostre gloire,
Comme en un vray jour de victoire ;
Car vous estes un conquérant
Bien plus que ces conquérants grands
Qui ne menoient qu'au Capitole,
Mais vous nous menez sur le Pôle,
Et s'ils alloient devers l'Enfer
Au Ciel vous irez triompher.

Attendant que je vous y voie
Je vous souhaite honeur et joie
Avec reduplication,
Restant avec dévotion,
Un des adorateurs sincères
De ces dons extraordinaires
Que Nature, Grâce et Faveur,
Enfin le Prince et le Sauveur
Ont mis dedans vostre personne,
Tant pour l'honeur de la Couronne
Que pour le bien du monde entier.
De flatter c'est mal mon mestier,
Car j'ay veu les cours de l'Europe,
Que je tiens antres à Cyclope,
Mais y méprisant fort le bien,
J'ay tout dit sans attendre rien.
Maintenant, ma Muse ingénue
Loue une vertu reconnue

Et se fasche de n'avoir peu,
Ainsi qu'elle l'avoit vouleu,
Vous faire un'humble révérence
Qu'elle vous faict en mon absence.
Car estant hermite reclus,
Tous mes complimens sont perclus.
Vous vinstes bien en cette ville (1),
Mais comme je suis en asile
Contre les pompes de la cour,
Je ne vois guère le grand jour
Et me contente icy de vivre
Avec Dieu, ma Perle * et mon livre
Et de rire sous le bonnet
De cent pièces de cabinet.
Mais je fus fasché sur mon âme,
Quand je sceus de nostre Madame (3),
Que nostre bourg-ville * eut l'honeur
De vous posséder, Monseigneur.
Ah ! que chascun y seroit aise,
D'estre de vostre diocèse,
Il ne faudroit pas au besoing
Aller chercher pardons au loing ;
D'ailleurs de Tulle la Justice *,
Mangeant de nostre pain d'Epice,
Nous gousterions fort la douceur
De vous avoir pour bon pasteur,
Et donnerions nostre chemise
Pour vous soubsmettre nostre église.
Dieu surtout, ainsi que le Roy
Et le Pape, reigle de foy
Avec concile ou sans concile ;
Question certes bien gentille,

* Ma belle et blanche Caignotte, Suissesse de ma solitude. (2)

* Uzerche, dernier boyau du monde.

* Le Présidial. (4)

---

(1) Uzerche.
(2) Sa petite chienne, nommée Perle.
(3) Madame de Grenaille, sans doute.
(4) Uzerche ressortissait de Tulle pour les causes présidiales.

Mais qui n'est pas propre à ce lieu,
Outre que pour l'honeur de Dieu
Il faut esviter les querelles
Qui font battre tant de cervelles ;
Vous, ô grand Docteur des Docteurs,
Reigleriez ces Dasticoteurs.

Cependant icy je m'incline,
Tant des genoux que de l'eschine,
Et queste avec soumission
Un peu de bénédiction
De vostre Grandeur Pastorale,
Qui vaut plus que la Cardinale,
En ecclésiastique sens,
Non à celuy des courtisans.
Les vrays successeurs des Apostres,
Sont-ce pas les Evesques nostres ?
Et non les curés des Romains (1),
Divins Princes bien moins qu'humains ;
Et puis nos antiques Messires,
N'estoient riches qu'en grands martyres,
Comme leurs braves successeurs.
Partagent aussi leurs sueurs ;
Au lieu que la gent Eminente *,
Bien heureuse et bien opulente,
Si contente de gouverner
Dans Rome et de là nous berner.
Mais à ce mot gare la grille,
De Sainct-Ange (2) ou de la Bastille :
Parlons doncques plus simplement
Et faisons vœu conjointement,

* Cardinales quia cardines Romanarum parœciarum.

---

(1) Les cardinaux qui étaient, dit-on, à l'origine, les curés des paroisses de Rome.

(2) Le château Saint-Ange, à Rome.

Avec tous les Messieurs de Tulle,
Qu'ainsi que par expresse Bulle,
Un pape François (1) (sans péché)
Originel, mit l'Evesché
Dans cette ville si fameuse,
Quoiqu'elle soit un peu boueuse,
Cet évesché pareillement,
Puisse un jour réciproquement,
Donner à Rome un François pape,
En vous dont j'adore la chappe.
Le Ciel approuvant mon babil
Avec moy dit : Ainsi soit-il.
De mesme que toute la terre,
Vous voudroit pour un second Pierre,
Et Dieu veuille que mon sauveur
Exauce un hermite resveur,
Qui voudroit au lieu d'Excellence,
Et de Grandeur et d'Eminence,
Vous traiter de Sa Sainteté,
Vos mœurs l'ayant bien mérité :
De mesme que la gent Guronne,
Vaut bien une triple couronne,
Dieu vous en donne par le chef :
C'est de mes vœux le dernier chef.

Faict la trentième Olympiade,
Ma fortune estant fort malade,
Telle Ære et telle Indiction
Et tel an dont on scait le nom ;
Tel jour à telle heure et minute
Que ma montre et non moy suppute,
Dans mon désert de Puygrolier,
Où sans me mélancolier
J'attends la mort, souffrant la vie,
Loin de la Cour, loin de l'Envie,

---

(1) Jean XXII, en 1317.

Mais plus proche du Paradis.
Légende, icy, fin je te dis,
Mais passe au cas que l'on t'estale
Pour légende Pontificale,
Car riant par fois on dict mieux
Tout le vray le plus sérieux,
Et vaut mieux faire les gens rire,
A bien louer qu'à bien médire.

Ridentem dicere verum
Quid vetat... HORAT. Serm. lib. I. Sat. I.

CHATEAUNIÈRES.

www.ingramcontent.com/pod-product-compliance
Lightning Source LLC
LaVergne TN
LVHW022027080426
835513LV00009B/908